EXERCÍCIOS
DE LEITURA PARA GUITARRISTAS E VIOLONISTAS

NELSON FARIA

Nº Cat.: 427-M

Irmãos Vitale Editores Ltda.
vitale.com.br
Rua Raposo Tavares, 85 São Paulo SP
CEP: 04704-110   editora@vitale.com.br   Tel.: 11 5081-9499

© Copyright 2014 by Irmãos Vitale Editores Ltda. - São Paulo - Rio de Janeiro - Brasil.
Todos os direitos autorais reservados para todos os países. *All rights reserved.*

Capa e Diagramação
Eduardo Wahrhaftig

Foto da capa
Toshiyuki IMAI

Coordenação Editorial
Roberto Votta

Produção Executiva
Fernando Vitale

 Arquivos de áudio *play-a-long* em MP3 estão disponíveis para *download* gratuito em:

vitale.com.br/downloads/audios/427-M.zip

ou através do escaneamento do código abaixo:

Obs.: Caso necessário, instale um software de descompactação de arquivos.

Contato
email: nelsonfaria@nelsonfaria.com
website: www.nelsonfaria.com

CIP-BRASIL. CATALOGAÇÃO NA FONTE
SINDICATO NACIONAL DOS EDITORES DE LIVROS - RJ.

F235e

   Faria, Nelson Jairo Sanches, 1963-
     Exercícios de leitura para guitarristas e violonistas / Nelson Jairo Sanches Faria. - 1. ed. - São Paulo : Irmãos Vitale, 2014.
   172 p. ; 28 cm.

   Inclui índice
   Acompanha arquivos de áudio
   Introdução, agradecimentos, biografia, discografia
   ISBN 978-85-7407-426-9

   1. Arte - Estudo e ensino. 2. Arte - Apreciação. 3. Música - Instrução e estudo. I. Título.

14-12415   CDD: 707
                                                            CDU: 7(07)

21/05/2014   27/05/2014

Agradeço a Antenor Ferreira Correa pela sugestão em acrescentar acompanhamento rítmico aos exercícios de leitura, tornando-os mais lúdicos e musicais.
A Rodolfo Cardoso de Oliveira pela gravação de algumas levadas que foram transformadas em "loops".
Aos meus alunos, que com suas dúvidas e sugestões me incentivaram a escrever este livro, especialmente, a Pedro Ramos, Marcelo Divino Machado e aos alunos do grupo de estudo de leitura nos seminários de música da Universidade de Örebro.

Este livro é dedicado a Andréa, minha esposa, e a Nelson, João e Juliana, meus filhos.

SOBRE O AUTOR

Foto: Jos Fielmich

Nascido a 23 de março de 1963, na cidade de Belo Horizonte – MG, Nelson Faria é um dos músicos mais expressivos da atual geração de instrumentistas do país, contando em seu currículo a edição de sete livros, sendo dois lançados nos EUA, no Japão e na Itália. Como violonista e guitarrista, seu nome consta em mais de uma centena de CDs, além de 11 CDs solo; um DVD com o grupo Nosso Trio; e uma videoaula (*Toques de mestre*). Assina o modelo de guitarra Condor Nelson Faria Signature (JNF-1), desenvolvido pelo artista em parceria com a renomada fábrica de instrumentos.

Iniciou seus estudos com Sidney Barros (Gamela), professor responsável por despertar seu gosto pelo estilo *chord melody,* e aprimorou-se, em Los Angeles – EUA, no Guitar Institute of Technology (GIT) em 1983. Teve o privilégio de aprender com os mestres Joe Pass, Joe Diorio, Frank Gambale, Scott Henderson, Howard Roberts, Ron Eschete. Durante sua estada nos EUA, teve Ted Greene como professor em aulas particulares.

De volta ao Brasil, Nelson Faria tornou-se um dos instrumentistas brasileiros mais requisitados para gravações, shows e workshops, desenvolvendo paralelamente trabalhos no exterior como instrumentista e arranjador.

Entre os artistas com os quais trabalhou – nos palcos ou em estúdios – destacam-se João Bosco, Cássia Eller, Gonzalo Rubalcaba, Till Brönner, Zélia Duncan, Ana Carolina, Milton Nascimento, Toninho Horta, Tim Maia, Leila Pinheiro, Nico Assumpção, Gilson Peranzzetta, Paulo Moura, Ivan Lins, Wagner Tiso, Edu Lobo, Fátima Guedes, José Namen, Lisa Ono, Baby do Brasil, Pascoal Meirelles, Antonio Adolfo, Nivaldo Ornelas, Mauro Senise, Maurício Einhorn, entre outros, acumulando apresentações no Brasil, Japão, Estados Unidos, Canadá, Israel, Argentina, Portugal, Espanha, França, Alemanha, Áustria, Macedônia, Itália, Turquia, Suécia, Noruega, Dinamarca, Lituânia, Estônia, Finlândia, Suíça, Holanda, Eslovênia, Bósnia, Inglaterra, Malásia, Indonésia, Ilha de Malta, República Dominicana, Colômbia, Ilhas Canárias, Ilha da Madeira, Martinica, República Checa e Islândia.

Apresentou-se nos mais importantes festivais internacionais de jazz, como North Sea Jazz Festival (Holanda), Montreal Jazz Festival (Canadá), Montreaux Jazz Festival (Suíça), San Francisco Jazz Festival (EUA), Miami Festival (EUA), Jazz a Vienne (França), Marcelle Jazz Festival (França), Tel Aviv Jazz Festival (Israel), Sarajevo Jazz Festival (Bósnia), Free Jazz Festival (Brasil), Kaunas Jazz Festival (Lituânia), Skope Jazz Festival (Macedônia), Malta Jazz Festival (Malta), Funchal Jazz Festival (Madeira), Frascatti Jazz Festival (Itália), Java Jazz Festival (Indonésia), Pennang Jazz Festival (Malásia), entre outros.

Em 2001, depois de muitos anos voltados para trabalhos solo e em parceria com outros músicos, Nelson Faria decidiu dedicar mais tempo aos estudos. Agraciado pelo Programa Bolsa Virtuose, concedido pelo Ministério da Cultura, participou do BMI Jazz Composers Workshop, em Nova York – EUA, tendo como professores os músicos Manny Albam, Jim McNeely e Michael Abene. Participou, durante o tempo em que esteve na cidade americana, de várias gravações com músicos nova-iorquinos e brasileiros, apresentando-se em inúmeros clubes de jazz e no Kennedy Center, em Washington, DC.

Como educador, Nelson Faria também acumula muitos projetos bem-sucedidos. Entre 1987 e 1999, lecionou disciplinas de arranjo, harmonia, improvisação e guitarra na Faculdade de Música da Universidade Estácio de Sá, e no curso CIGAM (Curso Ian Guest de Aperfeiçoamento Musical), ambos no Rio de Janeiro. Ministrou, paralelamente, inúmeros cursos e workshops em todo o país, entre os quais se destacam o 1o Seminário Brasileiro de Música Instrumental (Ouro Preto – MG), o Curso Internacional de Verão de Brasília – DF, o Festival de Música da Universidade do Rio Grande do Norte, a Oficina de Música de

Itajaí – SC, a EM&T (Escola de Música e Tecnologia – SP), o Conservatório Souza Lima – SP, o Festival Internacional de Domingos Martins – ES, o Festival de Ibiapaba e a Oficina de MPB de Curitiba – PR.

Desde 2010, Nelson Faria é professor na Örebro University, Suécia, onde é coordenador do Curso de Música Brasileira. Também na Suécia, trabalhou como professor convidado na Royal College of Music in Stockholm (KMH) e na Ingesund College of Music. Entre outras instituições de ensino internacionais, Nelson Faria também atuou como professor convidado nas universidades Manhattan School of Music (NY – EUA), New School of Music (NY – EUA), Berklee College of Music (Boston – EUA), University of South California (LA – EUA), Göterborgs Universitet (Suécia), Sibellius Conservatory (Finlândia), University of Miami (EUA), San Francisco State University (EUA), Malmo Universitet (Suécia) e nos conservatórios de Amsterdam, Rotterdam e Zwolle (Holanda). Realizou também workshops na International Association of Jazz Educators (IAJE), Nova York – EUA, além de, como arranjador, ter trabalhado com as orquestras Codarts Symphonic Jazz Orchestra (Holanda), KMH Jazz Orquestra (Suécia), UMO Jazz Orchestra (Finlândia), Frost Jazz Orchestra (EUA), hr-Bigband (Alemanha), Orquestra Jazz Sinfônica (SP), Orquestra Sinfônica de Barra Mansa (RJ), Orquestra Filarmônica de Minas Gerais (MG), Prime Time Orchestra (Noruega), Kicks and Sticks (Alemanha).

Como compositor sinfônico, Nelson Faria estreou em 2 de outubro de 2013 a peça autoral "Concerto Brasileiro para Violoncelo e Orquestra", com a Orquestra Sinfônica Nacional da UFF, tendo Gustavo Tavares como solista convidado.

- Livros editados

- *A arte da improvisação.* Rio de Janeiro: Lumiar, 1991.
- *Acordes, arpejos e escalas para violão e guitarra.* Rio de Janeiro: Lumiar, 1999.
- *Harmonia aplicada ao violão e à guitarra.* São Paulo: Irmãos Vitale, 2009.
- *Inside the Brazilian Rhythm Section.* Sher Music Co., 2002 (com Cliff Korman, a obra foi publicada no Japão pela ATN).
- *Música brasileira para violoncelo e violão.* São Paulo: Irmãos Vitale, 2013 (coautor Gustavo Tavares).
- *The Brazilian Guitar Book.* Sher Music Co., 1996; Arikita Music Japan; ndndn, Itália; Irmãos Vitale, Brasil.
- *Toque junto bossa nova.* Rio de Janeiro: Lumiar, 2008.

- Discografia

- *Ioiô* (Perfil Musical, 1993) – CD.
- *Beatles, um tributo brasileiro* (Solo Music, 1998), com o pianista José Namen – CD.
- *Janelas Abertas* (Lumiar Discos, 1999), em duo com a cantora Carol Saboya – CD.
- *Três/Three* (Independente, 2000), em trio com Nico Assumpção e Lincoln Cheib – CD.
- *Nelson Faria* (Independente, 2003) – CD.
- *Vento bravo* (Delira Música, 2005), em trio com Kiko Freitas e Ney Conceição – CD.
- *Nosso Trio ao vivo* (Delira Música, 2006), em trio com Kiko Freitas e Ney Conceição – DVD.
- *Buxixo* (Delira Música, 2009), em duo com o pianista Gilson Peranzzetta – CD.
- *Live in Frankfurt* (Independente, 2011/2012), com a Frankfurt Radio Bigband – CD.
- *Na esquina de mestre Mignone* (TF Music, 2012), em duo com Gustavo Tavares – CD.
- *Céu e mar* (Far Out Records, 2012 / Biscoito Fino, 2013), em duo com Leila Pinheiro – CD.

ÍNDICE

NOTA DO AUTOR — 7

    Priorizando uma posição no braço para leitura — 7
    Notas naturais na quinta posição — 8
    Usando a quarta e a quinta posições no braço da guitarra — 9
    Tirando melhor proveito dos exercícios — 9
    Lendo os ritmos — 12

PARTE I – LENDO NOTAS NATURAIS NA QUINTA POSIÇÃO — 15

PARTE II – LENDO NOTAS ALTERADAS NA QUARTA E NA QUINTA POSIÇÕES — 79

PARTE III – ACRESCENTANDO NOTAS NA PRIMEIRA E OITAVA POSIÇÕES — 121

PARTE IV – SONGBOOK NELSON FARIA — 133

    Antes tarde — 134
    Baião por acaso — 136
    Brooklyn high (partindo pro alto) — 138
    Buxixo — 139
    Caindo no choro — 140
    Chico Bororó no samba — 142
    Choro de outono — 145
    Fim de festa — 148
    Ioiô — 150
    Juliana — 152
    Let's be happy together — 154
    Mexidinho — 155
    Montanha russa — 158
    Mr. Albam — 160
    Playground — 162
    Rio (saudades do Rio) — 164
    Rua Bougainville — 166
    Ruas do Rio — 167
    Sacopã — 168
    Só te esperando — 170
    Influenciado — 172

NOTA DO AUTOR

A ideia de escrever este livro nasceu da minha dificuldade em encontrar partituras para prática da leitura em quantidade suficiente e organizadas em nível gradativo de dificuldade. Assim, criei esta série de exercícios em que você poderá praticar a leitura melódica no violão ou na guitarra de forma gradativa, aprendendo com cada nova situação apresentada nas partituras.

Acompanha este livro um link para download, em que você poderá ouvir todos os exercícios e tocar juntamente. Sempre achei positivo o estudo da leitura em conjunto, pois assim podemos ter uma referência para avaliar nosso próprio desenvolvimento. Mas, além de estudar com os áudios, você pode estudar sozinho ou com um colega. A utilização de um metrônomo é recomendada. Nas gravações, você ouvirá sempre dois compassos de contagem antes do início de cada exercício. Os duetos estão gravados de três formas diferentes: 1. Você ouve as duas vozes e o metrônomo, e escolhe uma das vozes para praticar o exercício junto com a gravação; 2. Você escutará apenas o metrônomo e a segunda voz, e tocará a primeira voz e; 3. Você escutará apenas o metrônomo e a primeira voz, e deverá tocar a segunda voz.

Os áudios estão afinados em Lá = 440.

Não fiz, de forma proposital, indicação dos andamentos nas partituras. Os andamentos utilizados nas gravações são pensados para facilitar a leitura à primeira vista. Muitos dos exercícios, no entanto, serão musicalmente mais interessantes em andamentos mais rápidos.

Os primeiros exercícios são constituídos apenas das notas Dó, Ré e Mi e, aos poucos, outras notas, alterações, armaduras de clave, novas fórmulas de compasso, notas pontuadas, notas ligadas, síncopes, quiálteras etc. vão sendo acrescentadas. Tudo organizado de forma a desenvolver gradativamente o reflexo da leitura fluente.

Bons estudos e boa leitura!

PRIORIZANDO UMA POSIÇÃO NO BRAÇO PARA LEITURA

A leitura melódica à primeira vista costuma ser um dos pontos fracos para os violonistas e guitarristas, e um dos motivos principais para essa dificuldade é a particularidade que o instrumento tem, em que uma mesma melodia pode ser executada em diversas digitações e posições diferentes no braço do instrumento.

Como exemplo, tomemos a simples melodia Dó - Ré - Mi - Fá:

Um pianista, ao encontrar as notas acima, não teria dúvidas de onde executá-las. Ele teria uma única opção para tocá-las no instrumento, uma vez que no piano uma determinada nota, em uma altura específica, só pode ser tocada por uma das teclas do instrumento.

No violão e na guitarra, porém, existem várias possibilidades para se executar essa melodia. O exemplo a seguir demonstra 10 maneiras diferentes para se executar o simples Dó - Ré - Mi – Fá.

Sabendo de todas as opções possíveis para digitação de uma frase melódica no braço do violão ou guitarra, nossa primeira providência é fugir dessa armadilha. A questão da organização das notas no braço da guitarra com várias possibilidades de digitação é muito positiva para transposição, improvisação, formação de acordes etc., mas para a leitura é preciso priorizar uma posição no braço.

Usaremos, inicialmente, a **quinta posição**, que é a posição onde o nosso dedo indicador (mão esquerda) está posicionado na quinta casa. O gráfico abaixo mostra as notas naturais na região da quinta casa. A única nota que fica na quarta casa é a nota B, que é tocada na 3a corda, 4a casa.

NOTAS NATURAIS NA QUINTA POSIÇÃO

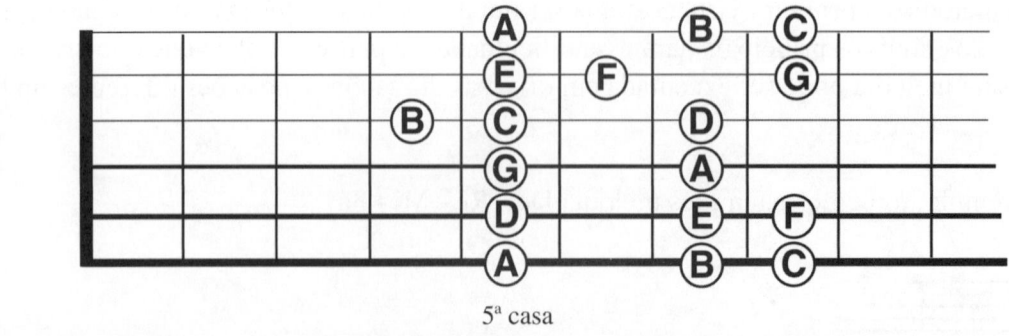

5ª casa

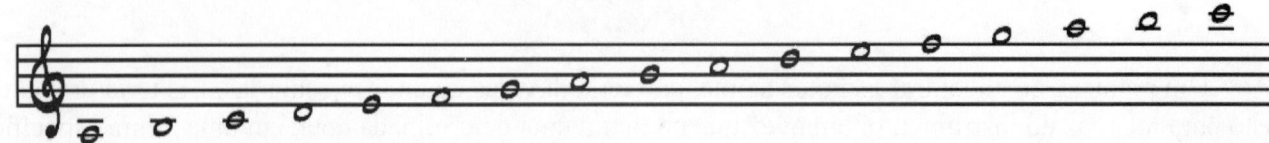

USANDO A QUARTA E A QUINTA POSIÇÕES NO BRAÇO DA GUITARRA

Para leitura das notas naturais e armaduras de clave em **bemol**, priorizamos a **quinta posição**, que é a posição onde o nosso dedo indicador (mão esquerda) está posicionado na quinta casa. Para leitura de partituras com armadura de clave em **sustenidos**, priorizamos a **quarta posição**, que é a posição onde nosso dedo indicador (mão esquerda) está posicionado na quarta casa.

O exemplo abaixo mostra as notas naturais e alteradas entre a quarta e a quinta posições no braço:

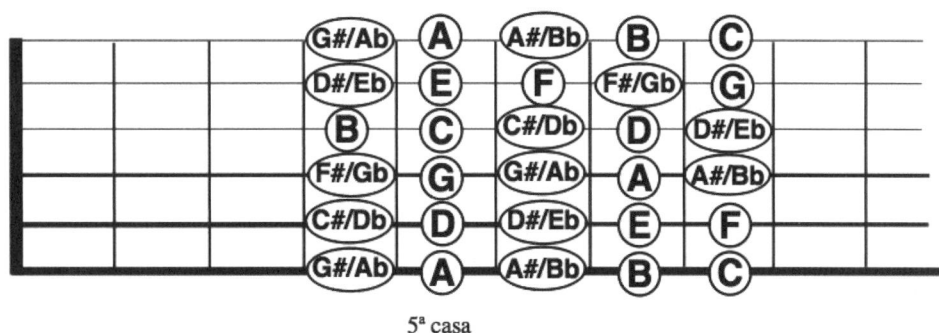

5ª casa

TIRANDO MELHOR PROVEITO DOS EXERCÍCIOS

Quanto mais partituras inéditas, melhor será nossa disposição para praticar a leitura à primeira vista. Uma boa solução para criarmos exercícios novos, a partir dos exercícios dados, é fazer a leitura dos compassos em outra ordem. O exemplo abaixo exemplifica com números e setas a ordem normal da leitura de uma partitura:

A título de estudo, podemos mudar o sentido e a ordem da leitura da partitura, criando assim novas melodias para a prática da leitura. Claro, esse artifício é apenas usado a título de estudo!

Alguns exemplos de como criar novos exercícios a partir de um exercício dado:

Exemplo 1: Ler saltando linhas.

Exemplo 2: Ler os compassos no sentido vertical.

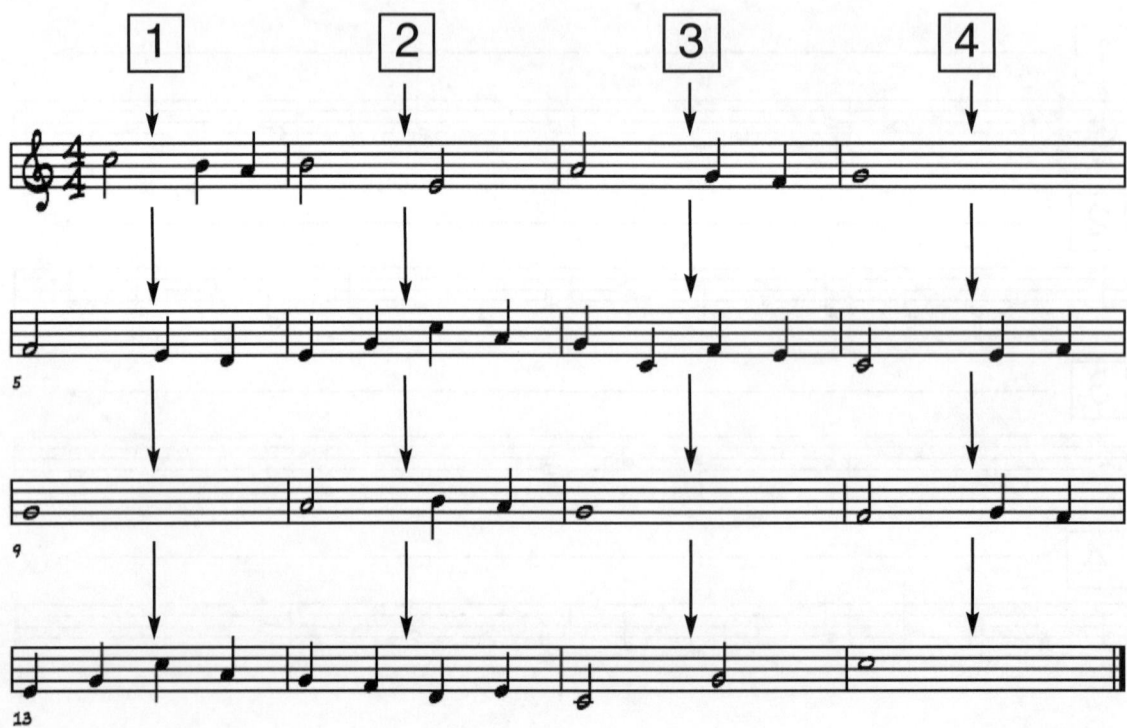

Exemplo 3: Ler uma linha da esquerda para direita e outra da direita para esquerda.

Exemplo 4: Ler no sentido vertical de cima para baixo e de baixo para cima alternadamente.

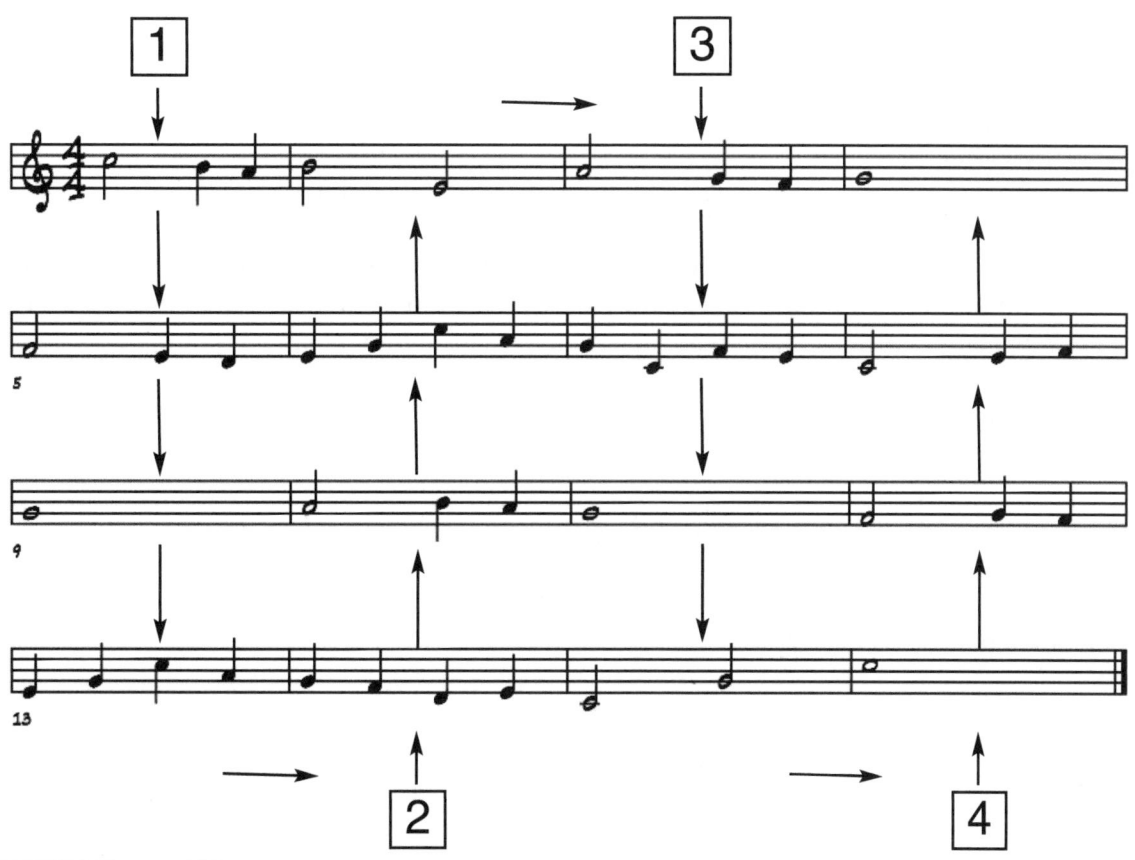

LENDO OS RITMOS

Quando lemos um texto, lemos as palavras e, às vezes, até frases por inteiro, dependendo do contexto em que as encontramos. Se tomarmos, por exemplo, a palavra "**palavra**", observe que não lemos as letras individualmente "P" - "A" - "L" - "A" - "V" - "R" - "A", mas lemos em um bloco único - "PALAVRA" - já com o significado implícito.

Quanto mais expostos somos a uma determinada palavra ou frase, mais rapidamente a reconhecemos e decodificamos, fazendo uma leitura dinâmica do texto escrito. Frases do tipo "**Não pise na grama**" ou "**Proibido fumar**", ou "**Não alimente os animais**" são rapidamente reconhecidas sem que façamos a leitura palavra a palavra. Nosso nome próprio talvez seja o grupo de palavras que reconheçamos de forma mais rápida e imediata, mesmo que este esteja no meio de um texto extenso.

Qual é, então, o nosso problema quando queremos ler música? Normalmente, tentamos ler uma ideia musical "nota a nota" sem perceber que as notas se agrupam em "palavras musicais" que devem ser lidas como um todo. Quanto maior nosso "vocabulário" musical, mais fluente será nossa leitura.

Tomemos como exemplo a frase musical abaixo:

Podemos pensar na frase inteira como uma "palavra musical" ou "motivo", em que temos um grupo de quatro notas de mesma duração seguidas por uma nota com a duração igual ao total das quatro notas anteriores.

Esse mesmo motivo pode ser escrito de outras maneiras. Veja dois exemplos adiante:

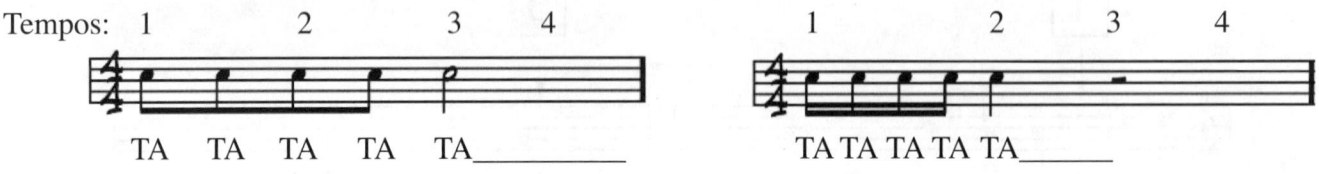

Existem vários motivos rítmicos diferentes, mas alguns se repetem bastante, principalmente dentro de um mesmo estilo musical. Identificar esses motivos de forma rápida ajuda a leitura fluente, executando os motivos de forma automática ou "intuitiva", pensando nas "palavras" e não nas "letras".

Tomemos como exemplo o motivo rítmico:

Que também pode ser escrito assim:

Observe que este motivo rítmico é amplamente usado nas composições de samba e bossa-nova, como exemplificado abaixo:

1. "Desafinado" (Tom Jobim e Newton Mendonça)

2. "Lobo bobo" (Carlos Lyra e Ronaldo Bôscoli)

3. "Tempo feliz" (Baden Powell e Vinicius de Moraes)

4. "Consolação" (Baden Powell e Vinicius de Moraes)

Os exercícios neste livro serão apresentados com motivos rítmicos que são amplamente usados em vários estilos musicais e, uma vez que esses motivos serão apresentados com nível de dificuldade gradativa, você passará a ter intimidade com os motivos apresentados e a ler a música de forma dinâmica e com fluência.

Nas faixas gravadas com os motivos rítmicos, você ouvirá sempre um compasso de contagem antecedendo cada motivo rítmico com uma pequena pausa entre eles.

As partituras deste livro não contêm nenhuma indicação de dinâmica, acentos ou articulações. As interpretações podem e devem ser feitas pelo próprio intérprete quando julgar necessário.

PARTE I

LENDO NOTAS NATURAIS NA QUINTA POSIÇÃO

Antecedendo os exercícios de leitura melódica, você sempre encontrará exercícios em que o foco é a leitura rítmica. Procure se familiarizar com os motivos rítmicos apresentados, identificando-os na partitura para que a leitura seja a mais fluente possível.

Se você sentir que a parte rítmica ainda não está firme, experimente ler os exercícios melódicos ignorando as alturas das notas e executando apenas os ritmos e, em seguida, ler o exercício com as notas.

Motivos rítmicos 1: você encontrará, nos exercícios 1 a 8, apenas os motivos rítmicos abaixo.

faixa 1

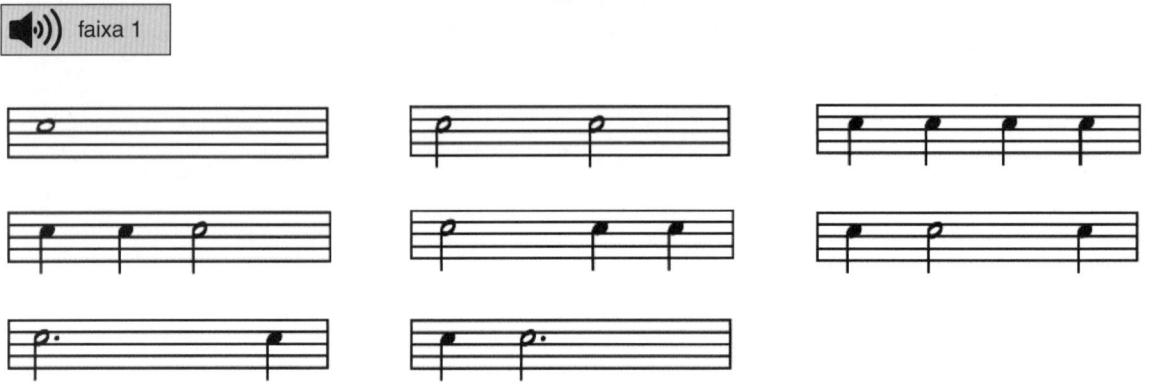

Utilizei nos exercícios 1 e 2 apenas a nota Dó (C) na 5ª posição, 3ª corda, para que você possa se concentrar apenas na parte rítmica da leitura.

EXERCÍCIO 1

faixa 2

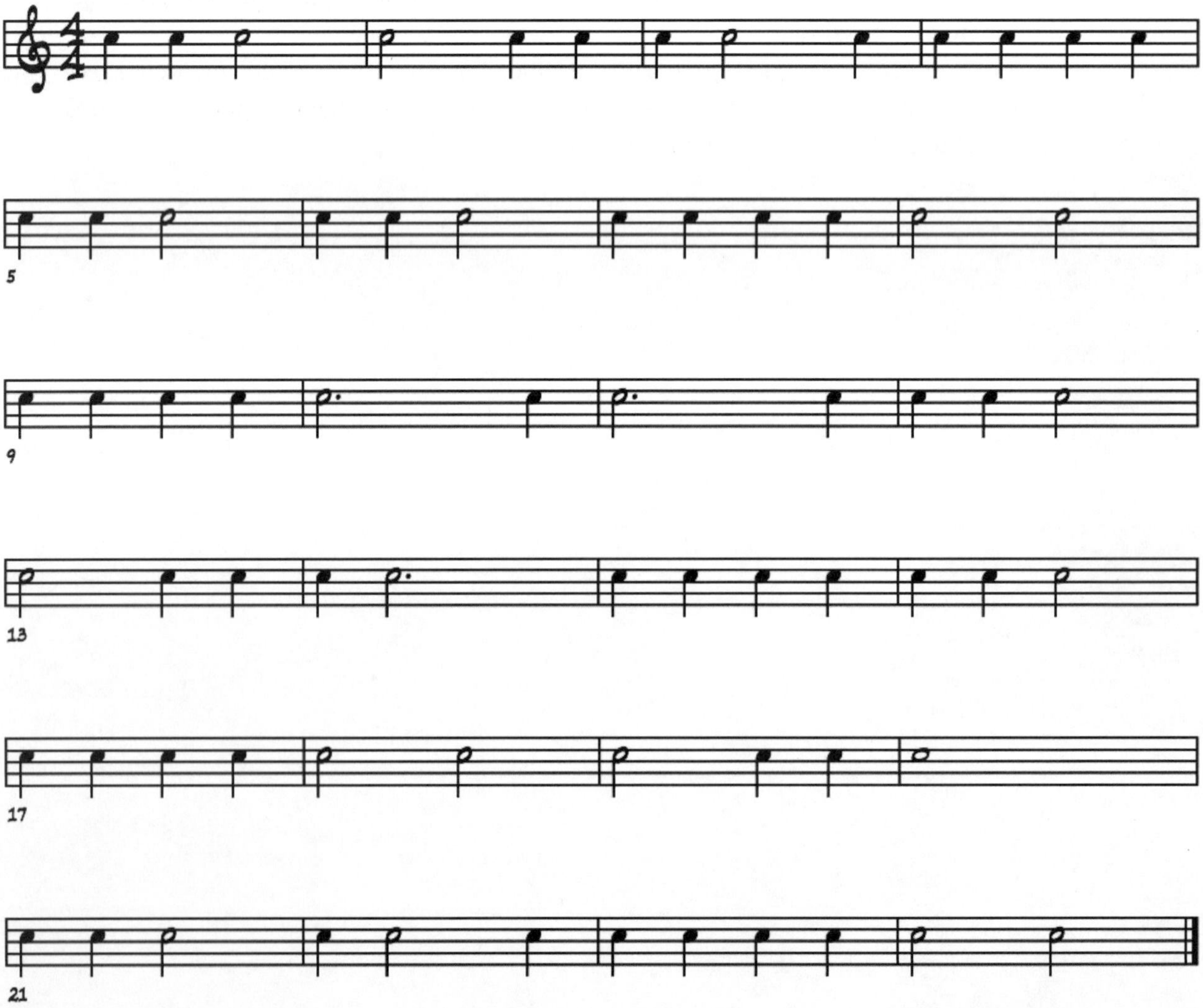

EXERCÍCIO 2
Atenção: compasso binário.

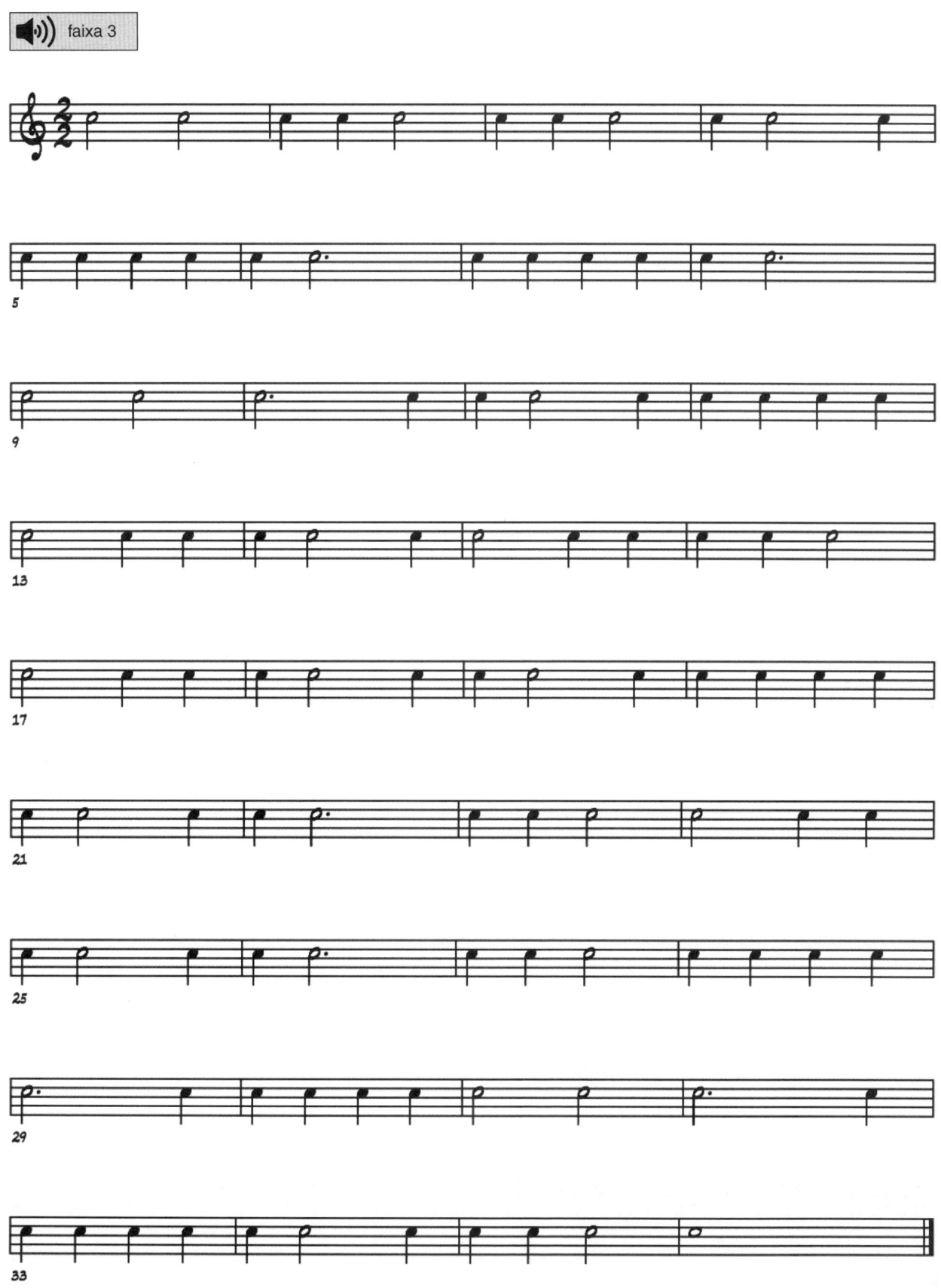

Os exercícios 3 a 8 usam apenas as notas Dó (C), Ré (D) e Mi (E) na 5ª posição, cordas 2 e 3, e os motivos rítmicos estudados anteriormente.

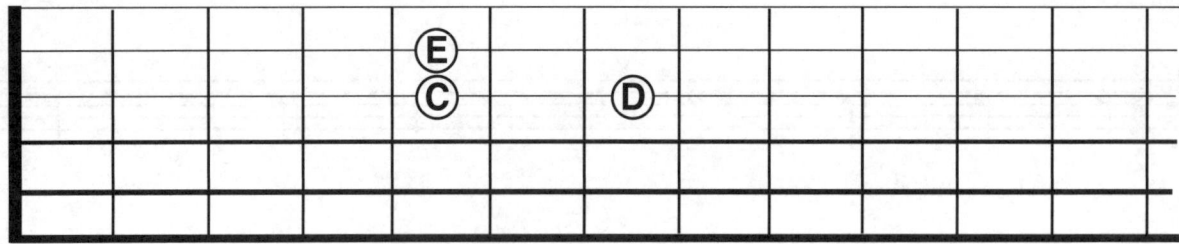

EXERCÍCIO 3

faixa 4

EXERCÍCIO 4

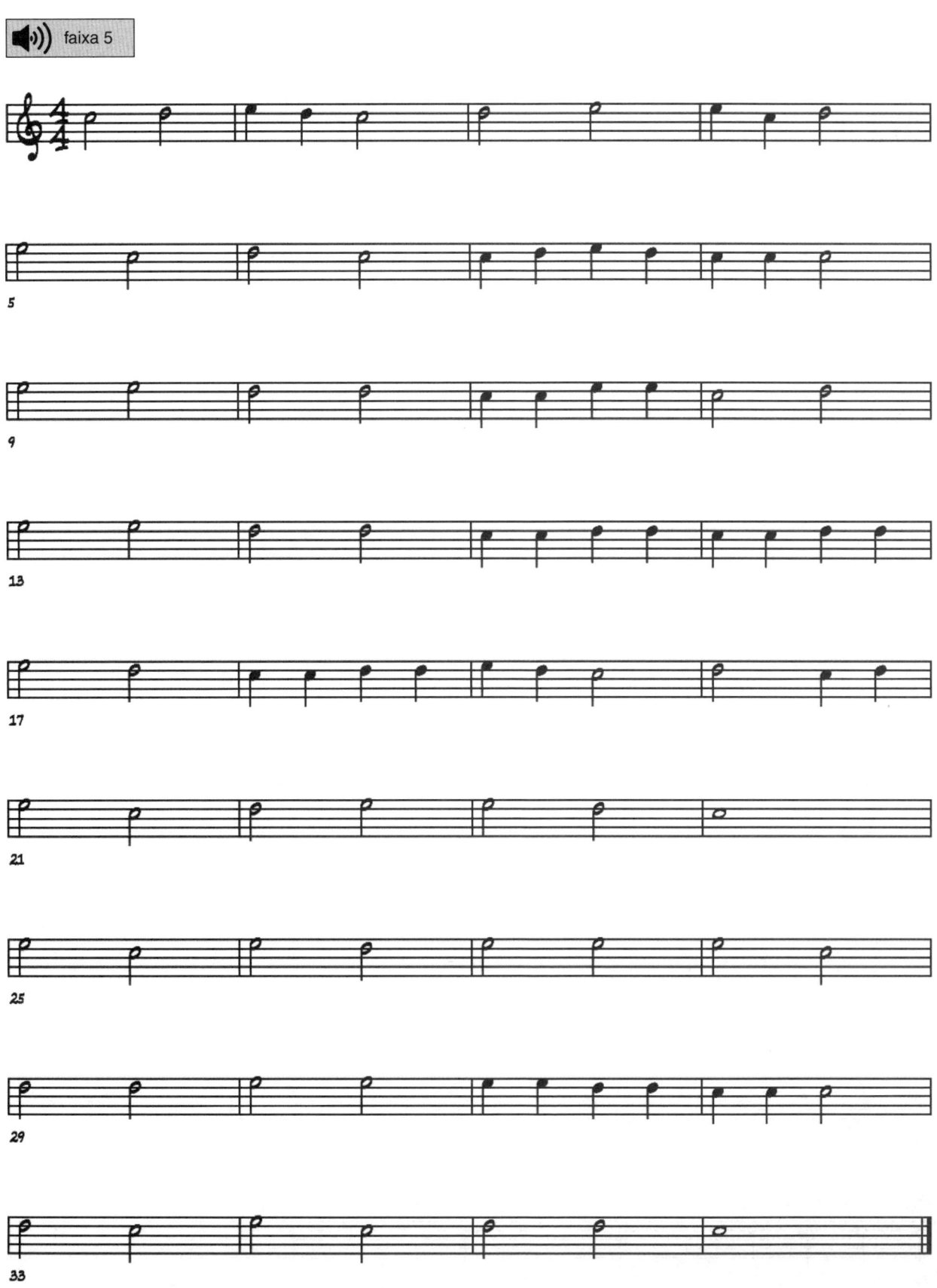

EXERCÍCIO 5

faixa 6

EXERCÍCIO 6

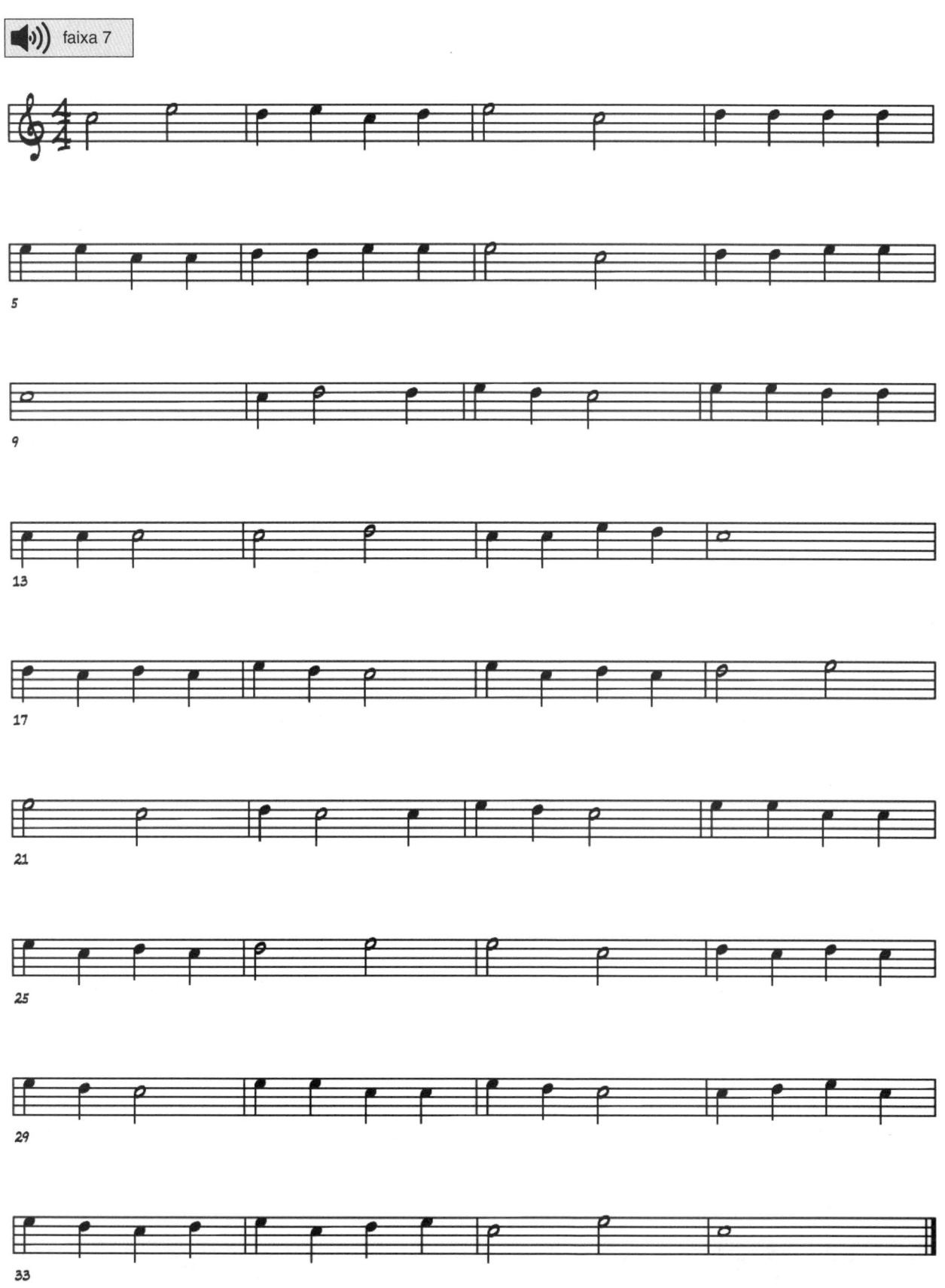

EXERCÍCIO 7

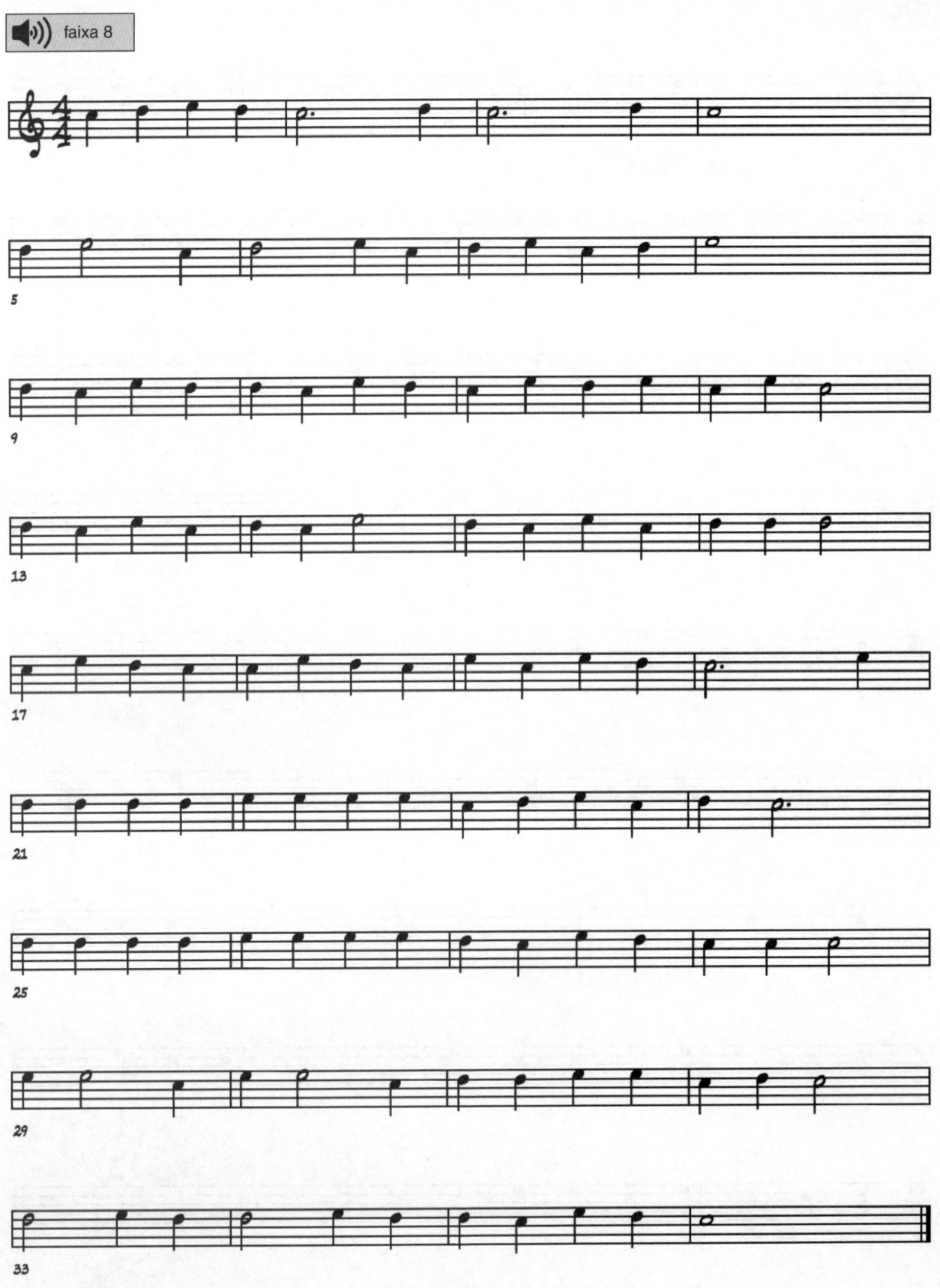

EXERCÍCIO 8

Atenção: usei, neste exercício, mais compassos por linha.

Motivos rítmicos 2: nos exercícios 9 a 26, os motivos abaixo serão acrescentados. Pratique cada um deles individualmente e, em seguida, nos exercícios.

🔊 faixa 10

Utilizei nos exercícios 9 e 10 apenas a nota Dó (C) para que você possa se concentrar apenas na parte rítmica da leitura.

EXERCÍCIO 9

🔊 faixa 11

EXERCÍCIO 10

EXERCÍCIO 11

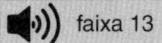 faixa 13

EXERCÍCIO 12

Nos exercícios 13 a 20, acrescentei as notas Fá (F) e Sol (G) na 5ª posição, 2ª corda.

EXERCÍCIO 13

faixa 15

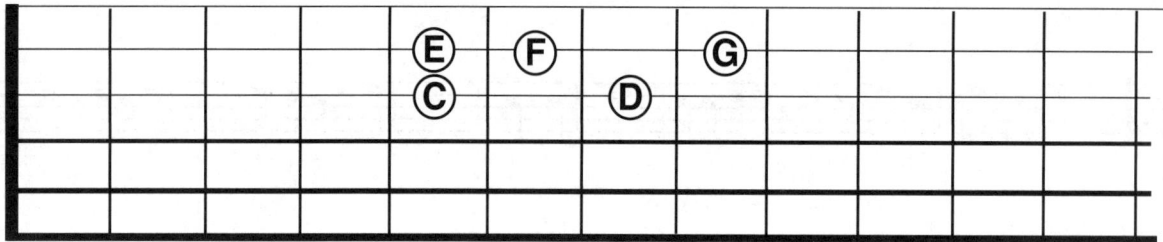

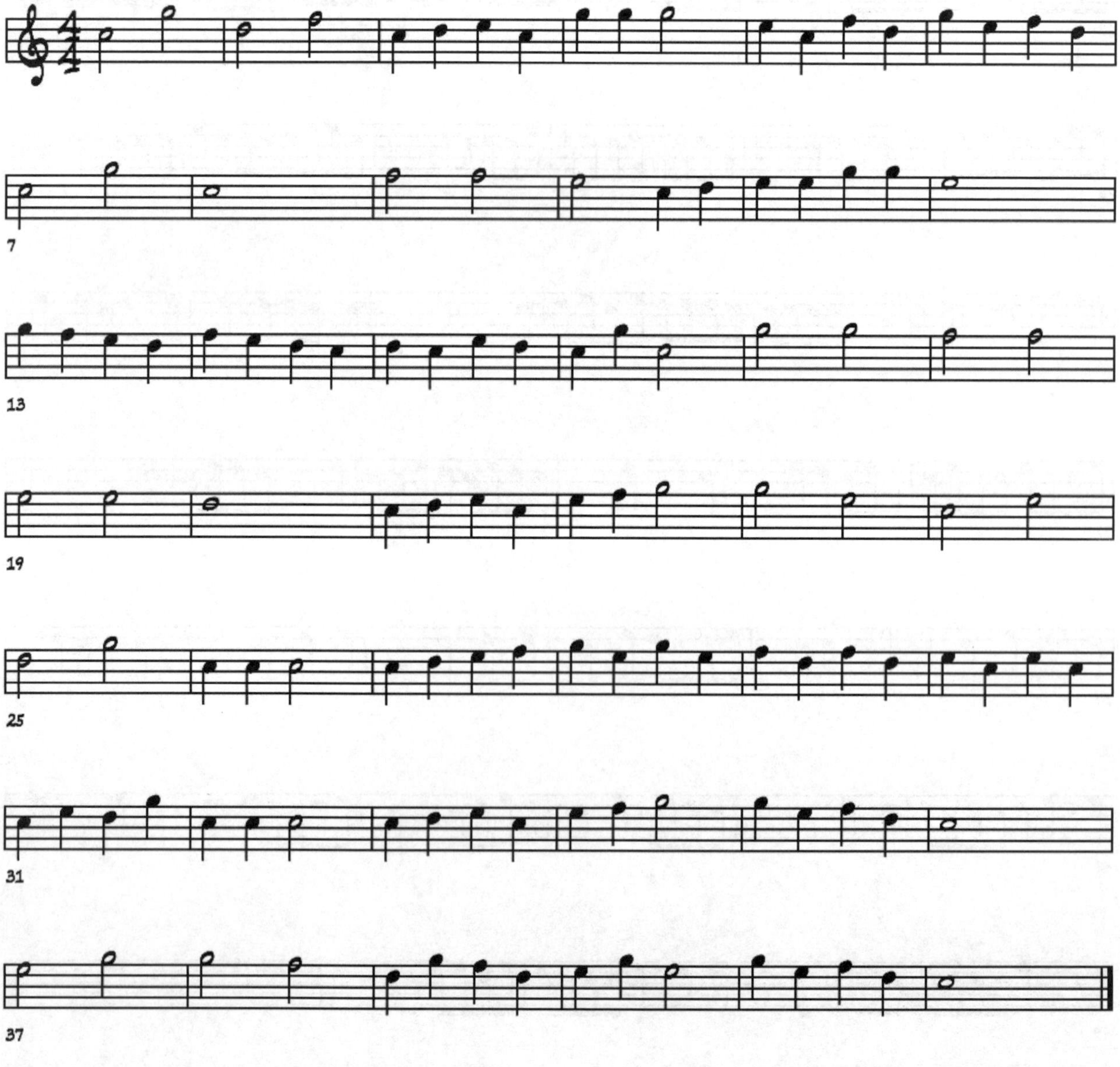

EXERCÍCIO 14

faixa 16

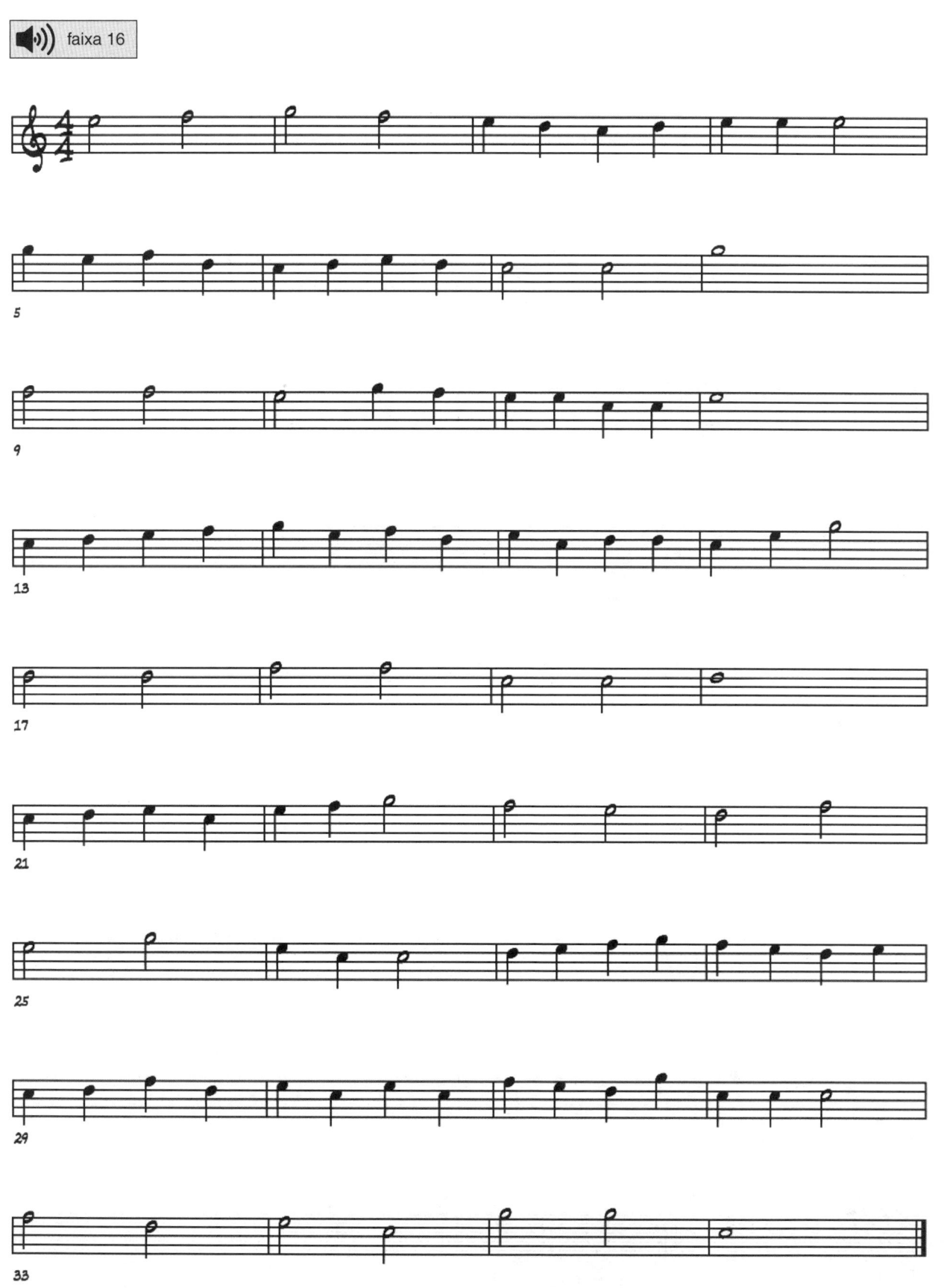

EXERCÍCIO 15

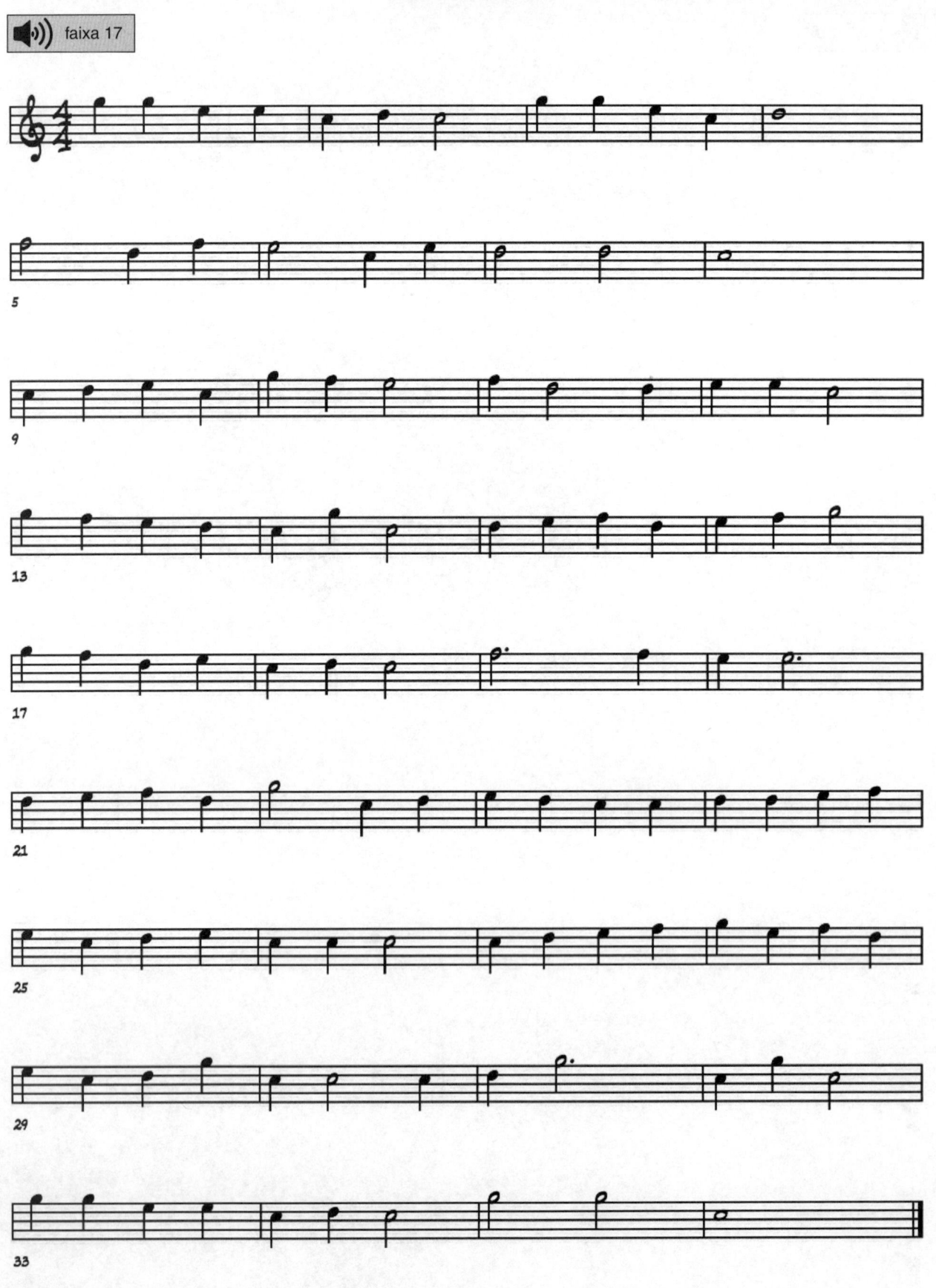

EXERCÍCIO 16

EXERCÍCIO 17

EXERCÍCIO 18

faixa 20

EXERCÍCIO 19

faixa 21

EXERCÍCIO 20

Nos exercícios 21 a 29, acrescentei as notas Sol (G) e Lá (A) na 4ª corda e a nota Si (B) na 3ª corda.

EXERCÍCIO 21

faixa 23

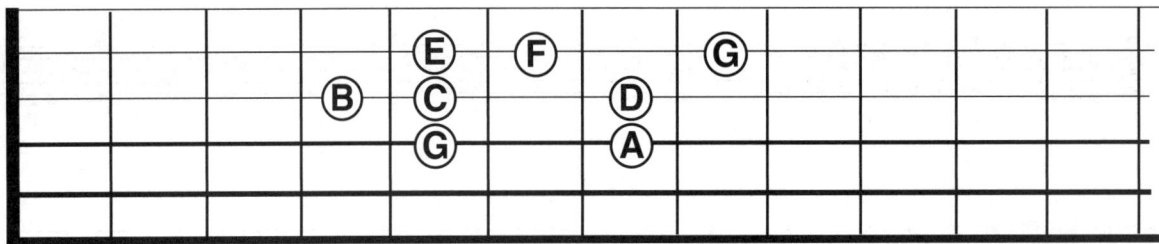

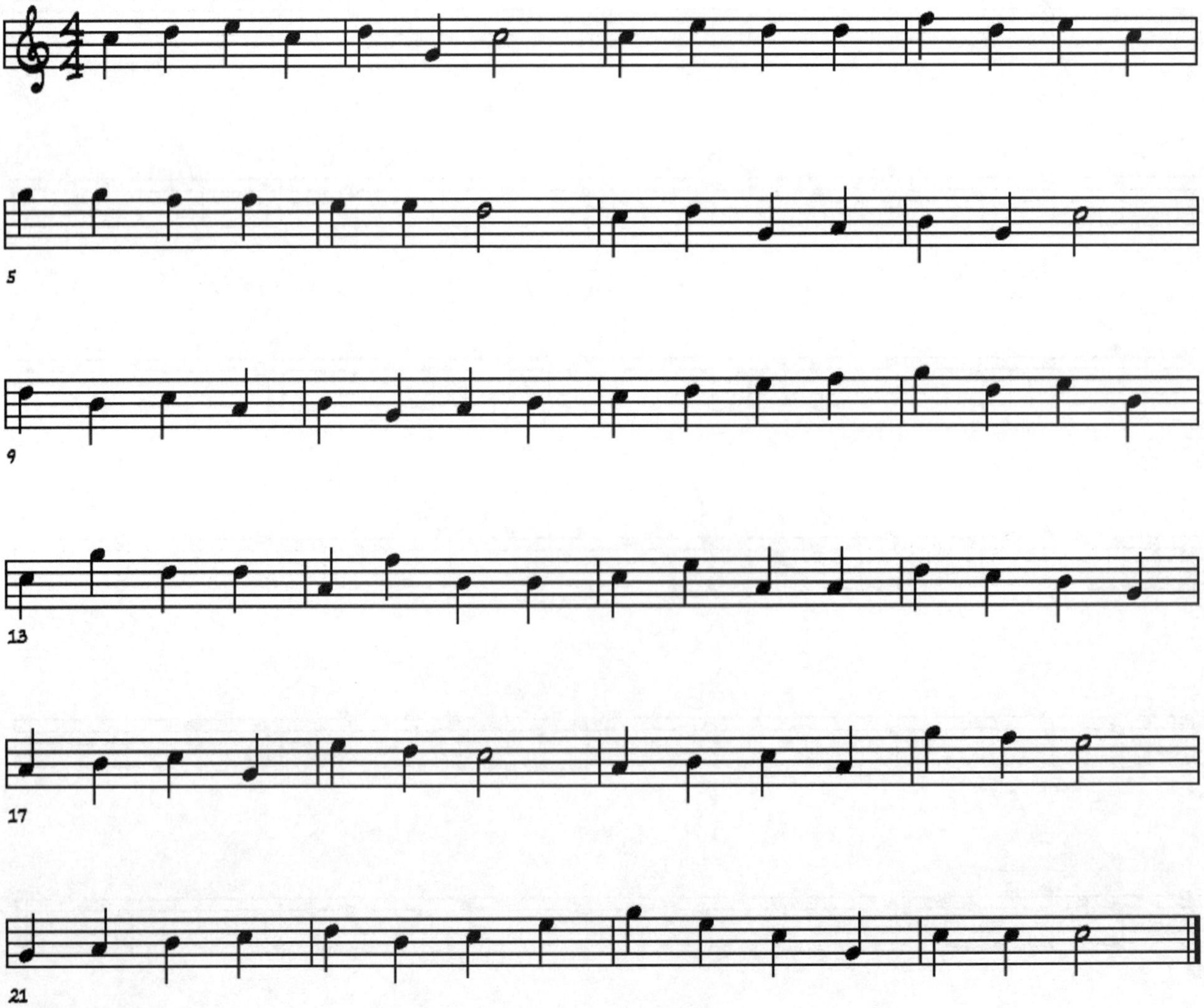

EXERCÍCIO 22
Atenção para a novidade: compasso ternário.

faixa 24

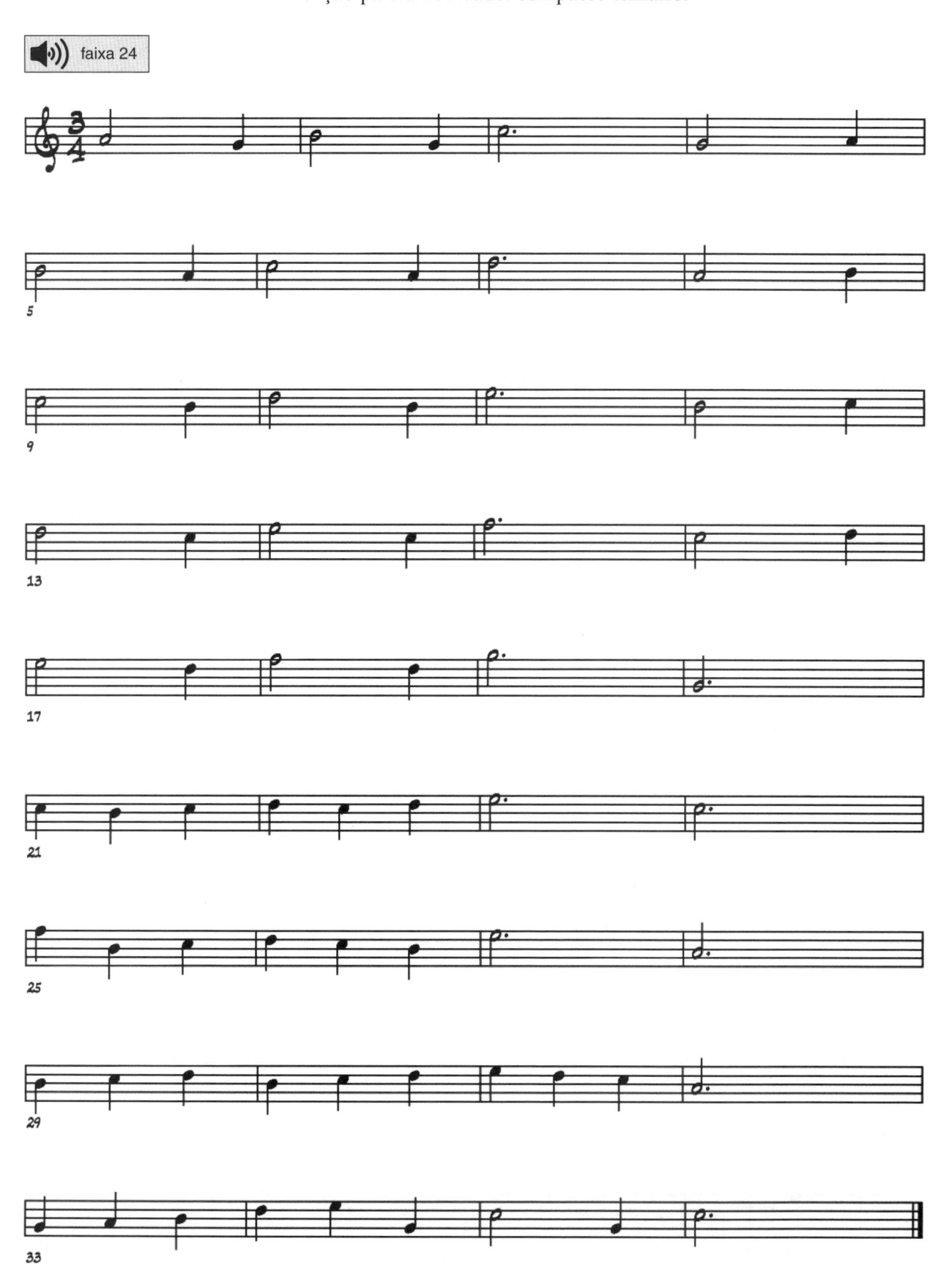

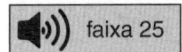

EXERCÍCIO 23

faixa 25

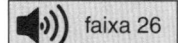

EXERCÍCIO 24

EXERCÍCIO 25
Atenção para a novidade: exercício em duas páginas.

faixa 27

continuação...

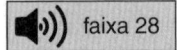

EXERCÍCIO 26

faixa 28

Motivos rítmicos 3: nos exercícios 27 a 33, acrescentei motivos com semicolcheias.

🔊 faixa 29

Nos exercícios 27 e 28, o foco é a leitura rítmica. Portanto, o exercício é feito usando apenas uma nota.

EXERCÍCIO 27

🔊 faixa 30

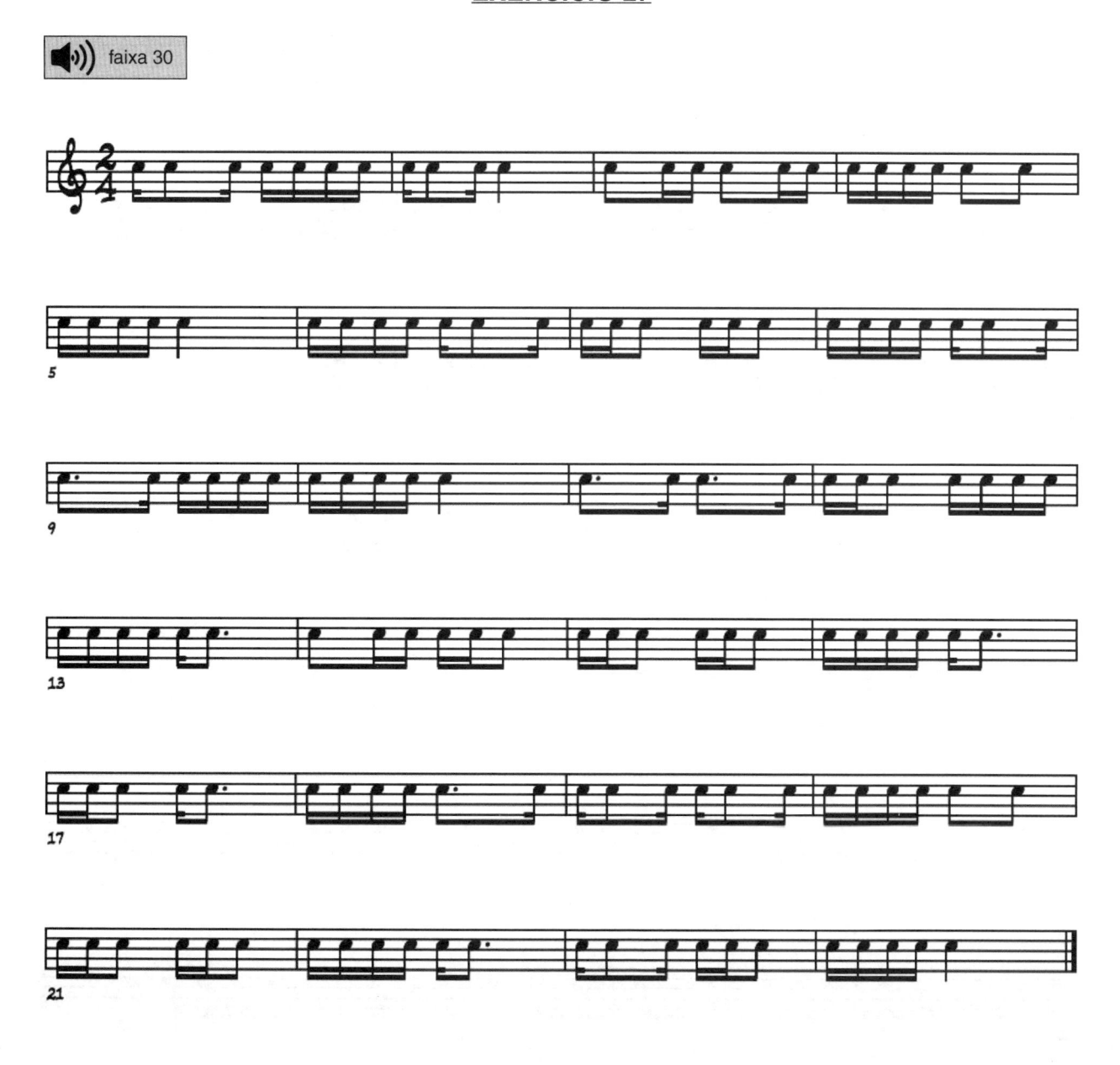

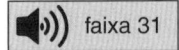

EXERCÍCIO 28

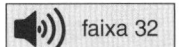

EXERCÍCIO 29

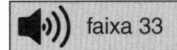

EXERCÍCIO 30

faixa 33

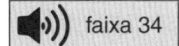

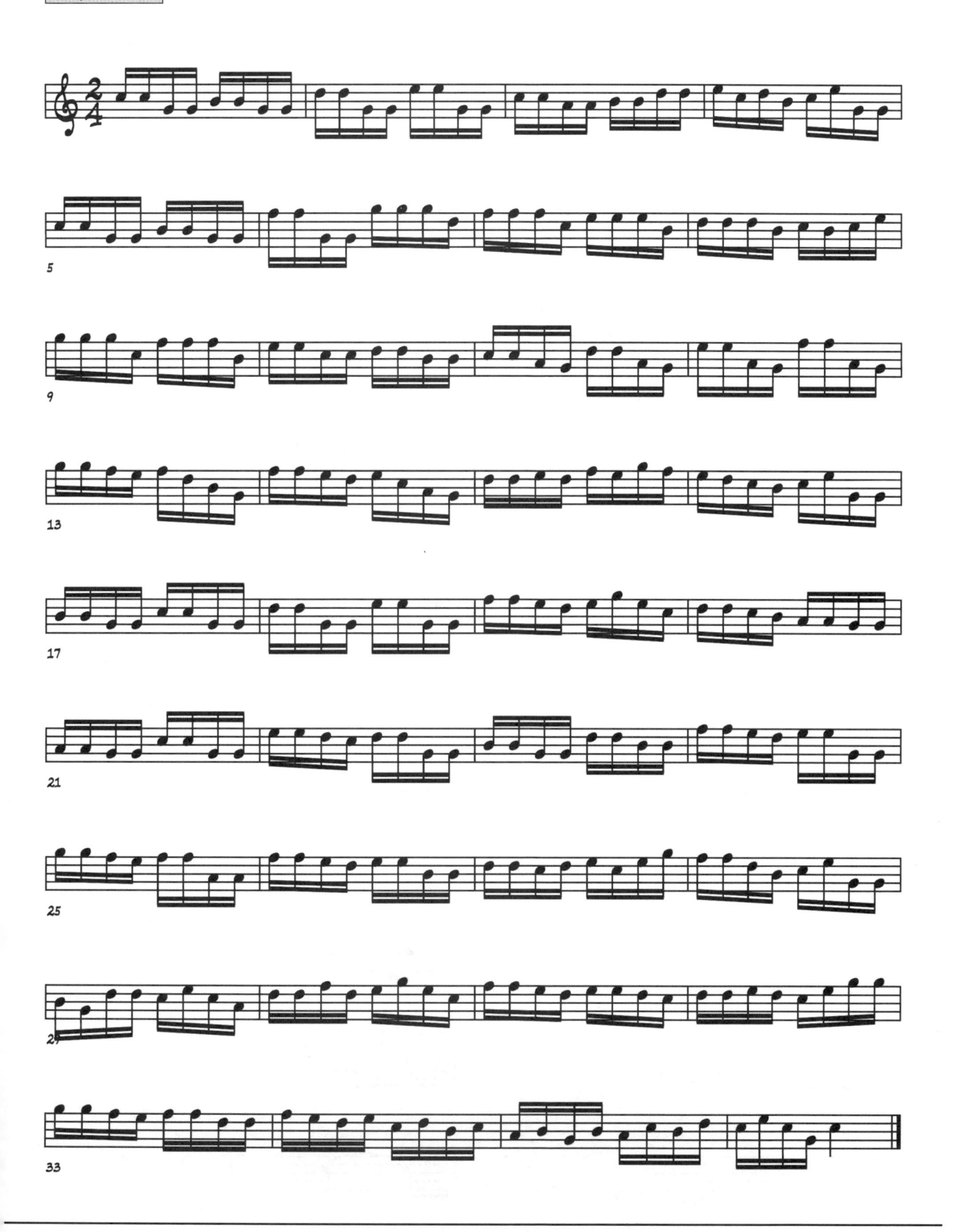

EXERCÍCIO 31

Motivos rítmicos 4: síncopes.

Os motivos a seguir fazem uso de ligaduras de tempo e notas pontuadas criando a sensação da síncope. Em música, a síncope é caracterizada pela execução de uma nota no tempo fraco ou na parte fraca do tempo que se prolonga até o tempo forte, criando um deslocamento da acentuação rítmica.

Exemplo de motivos sincopados:

🔊 faixa 35

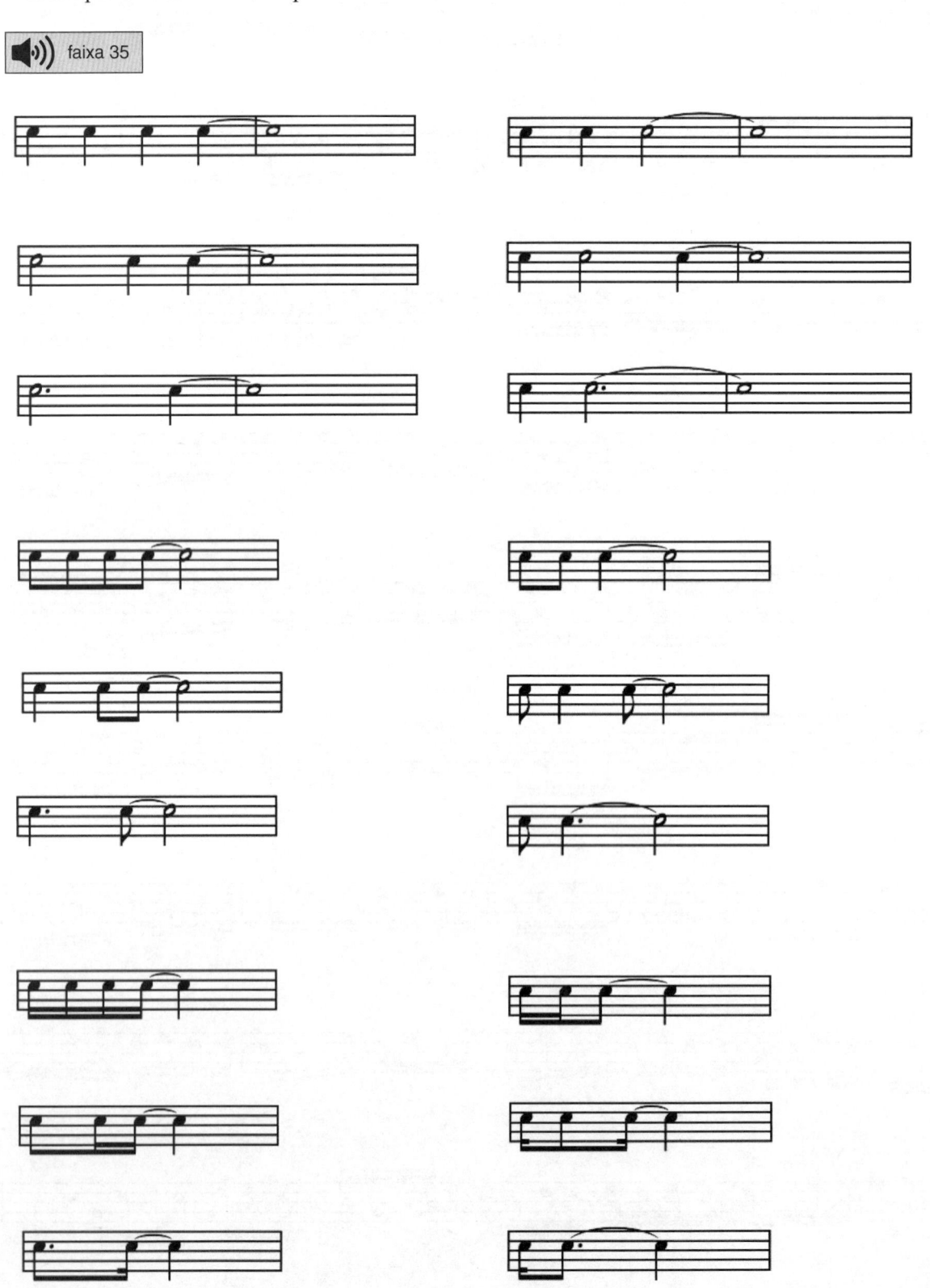

Motivos rítmicos 5: síncopes seguidas.

Síncopes seguidas são motivos sincopados ligados um ao outro. A síncope é largamente utilizada na música brasileira, principalmente no samba.

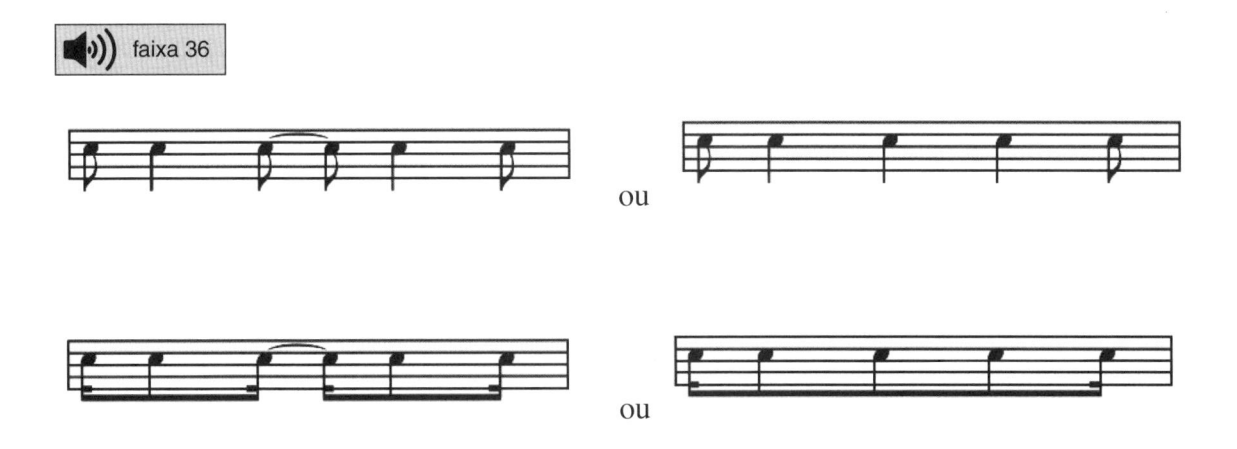

🔊 faixa 36

ou

ou

Outros exemplos de motivos em síncopes seguidas:

Pratique os motivos sincopados individualmente até se sentir confortável com a execução de cada um deles e só então passe para os exercícios de leitura propriamente ditos.

Nos exercícios 34 e 35, o foco é apenas a prática do ritmo. Por esse motivo, os exercícios são todos escritos com apenas uma nota (Dó). Como prática, mesmo nos exercícios seguintes (34, 35 etc.) experimente, em primeiro lugar, tocar apenas a parte rítmica e numa segunda leitura, as alturas.

EXERCÍCIO 32
Atenção para a novidade: ligadura de tempo.

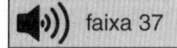

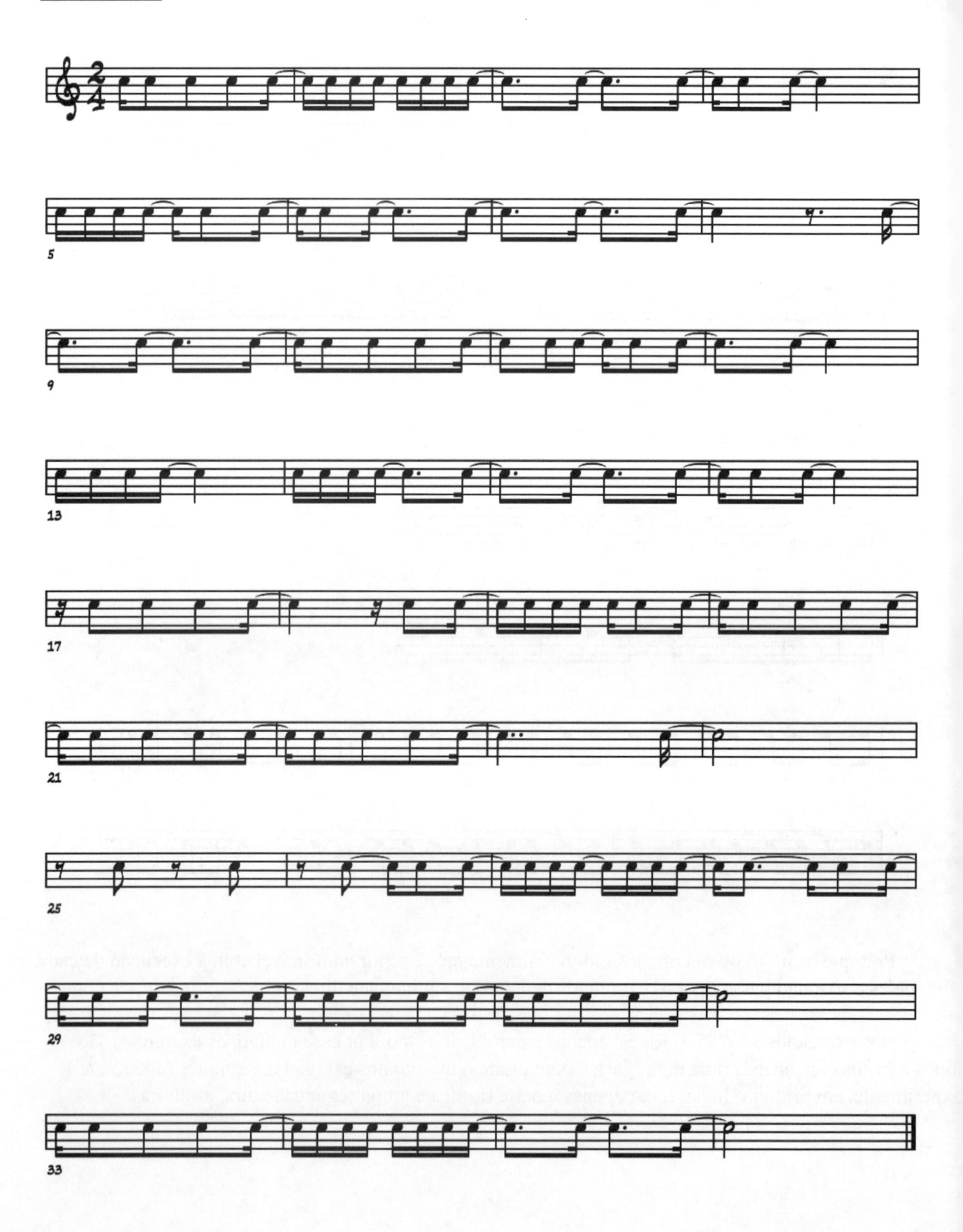

faixa 37

EXERCÍCIO 33

Para os exercícios 34 a 41, acrescentei as notas Lá (A), Si (B) e Dó (C) na 1ª corda.

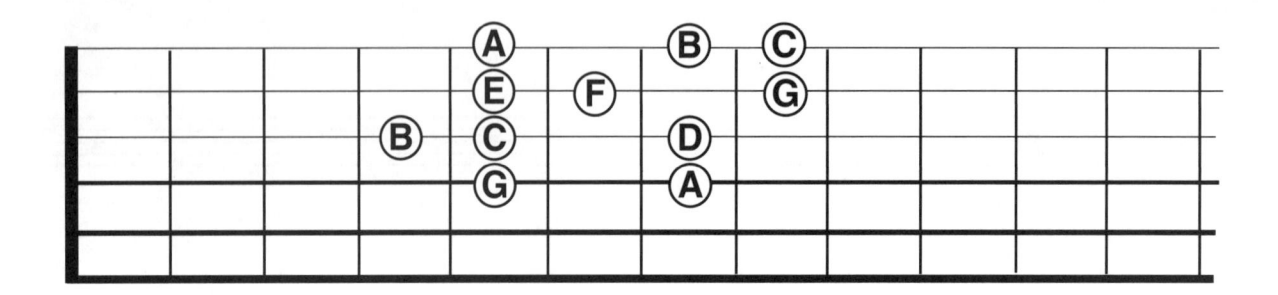

EXERCÍCIO 34

faixa 39

EXERCÍCIO 35

faixa 40

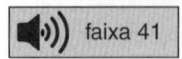

EXERCÍCIO 36

faixa 41

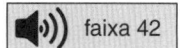

EXERCÍCIO 37

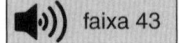

EXERCÍCIO 38
Atenção para a novidade: pausa de semínima.

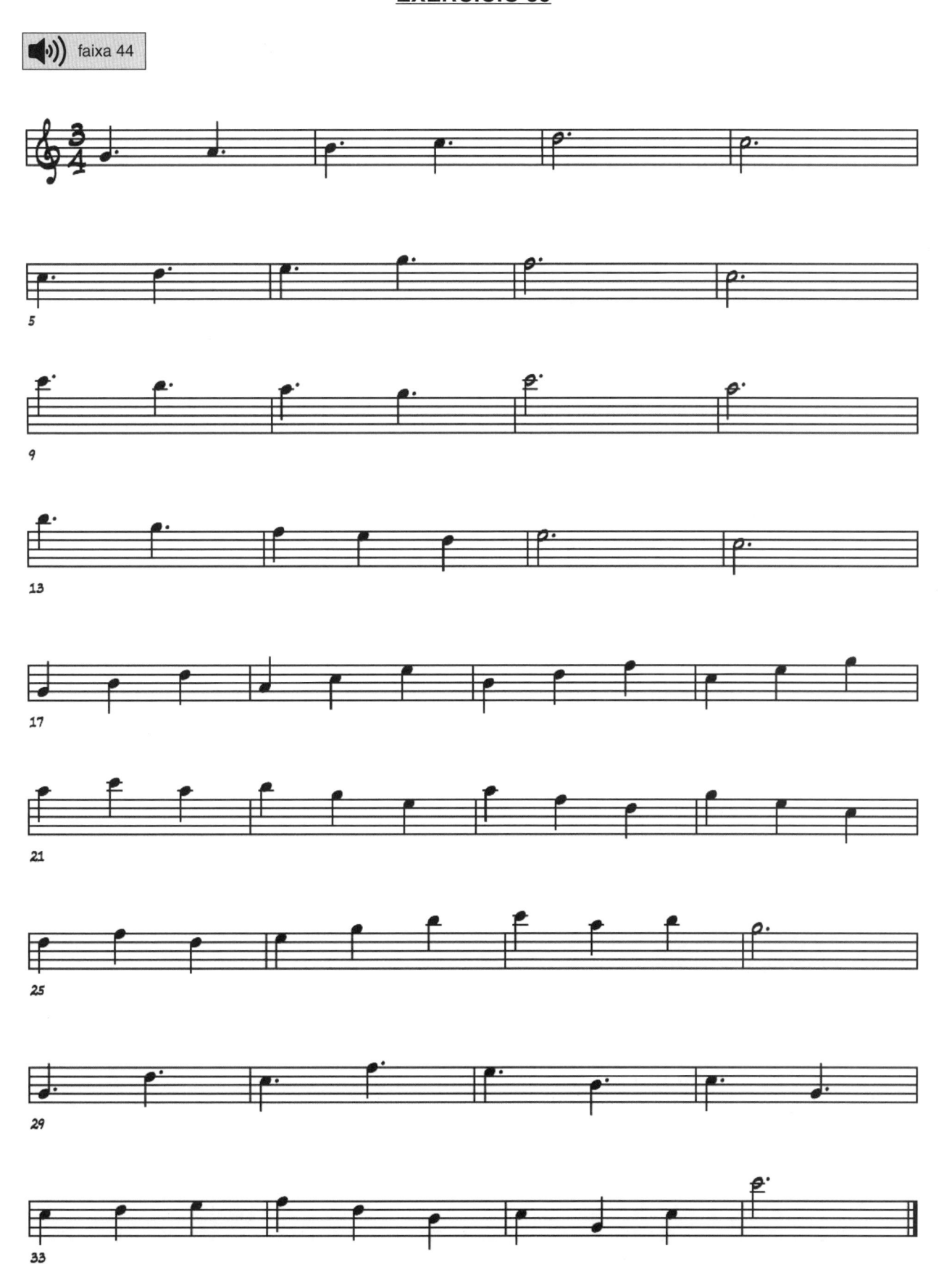

EXERCÍCIO 39

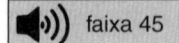

EXERCÍCIO 40
Atenção para a novidade: compasso 5/4.

EXERCÍCIO 41
Atenção para a novidade: compasso 7/4.

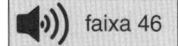

Para os exercícios 42 a 49, acrescentei as notas Ré (D), Mi (E) e Fá (F) na 5ª corda.

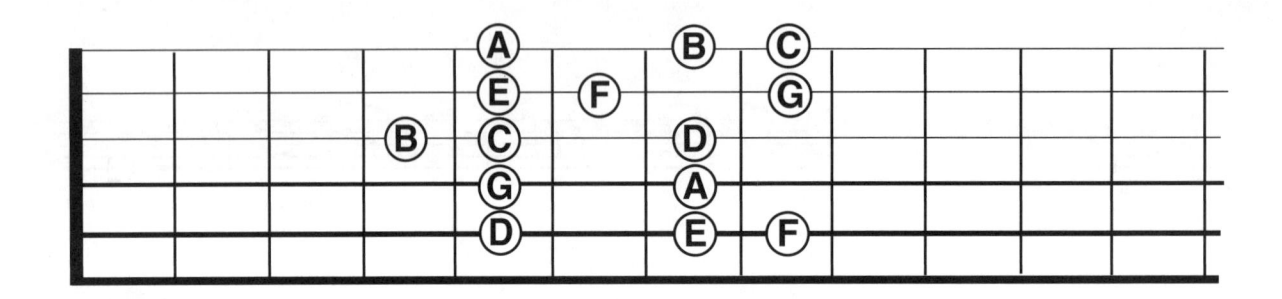

EXERCÍCIO 42

faixa 47

EXERCÍCIO 43

EXERCÍCIO 44

faixa 49

EXERCÍCIO 45

EXERCÍCIO 46

faixa 51

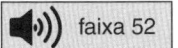

EXERCÍCIO 47

EXERCÍCIO 48

faixa 53

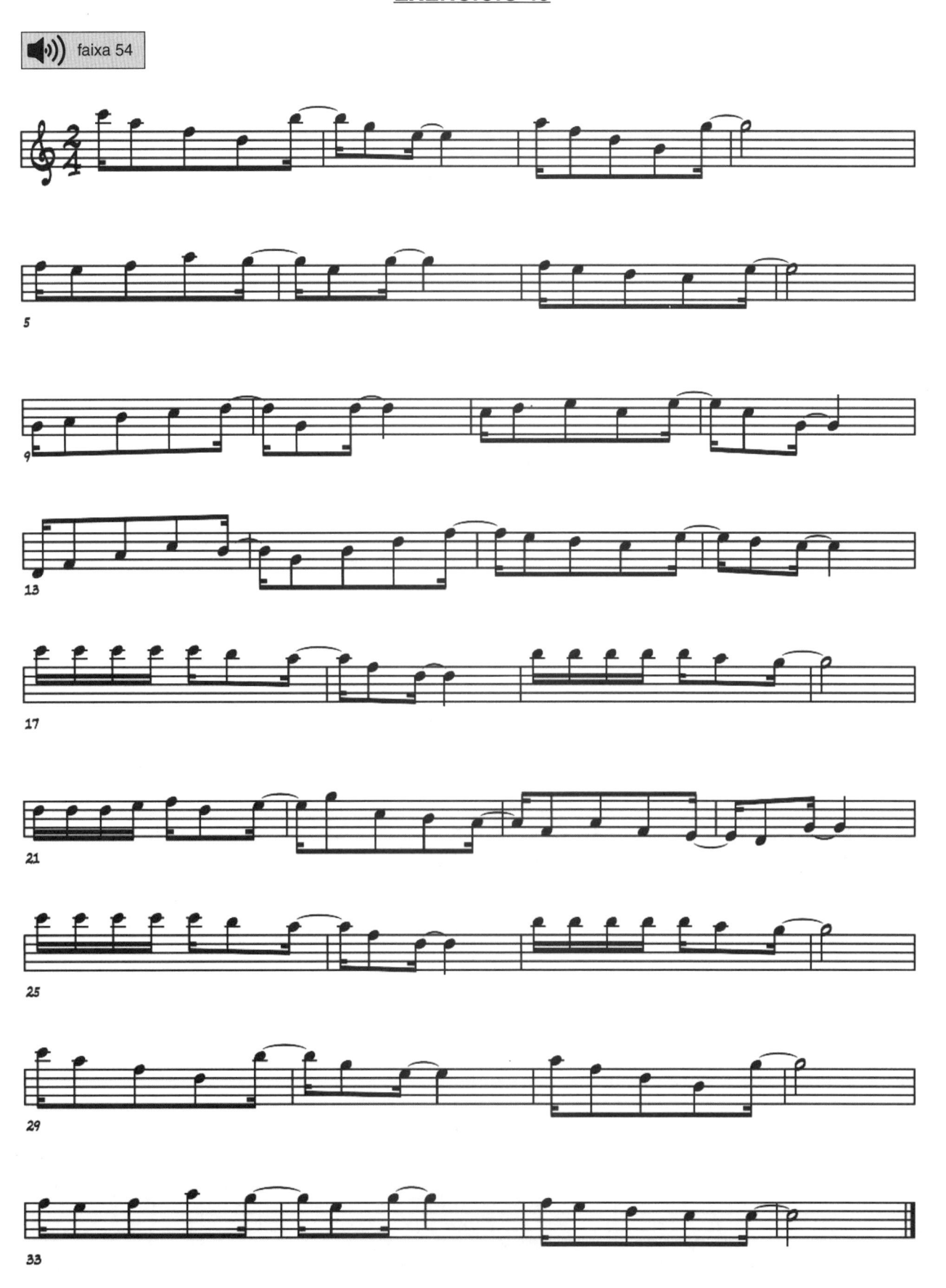

EXERCÍCIO 49

Para os exercícios 50 a 57, acrescentei as notas Lá (A), Si (B) e Dó (C) na 6ª corda, ou seja, toda a tessitura das notas naturais na 5ª posição. Também serão acrescentados exercícios em "Duetos" e mudança de compasso.

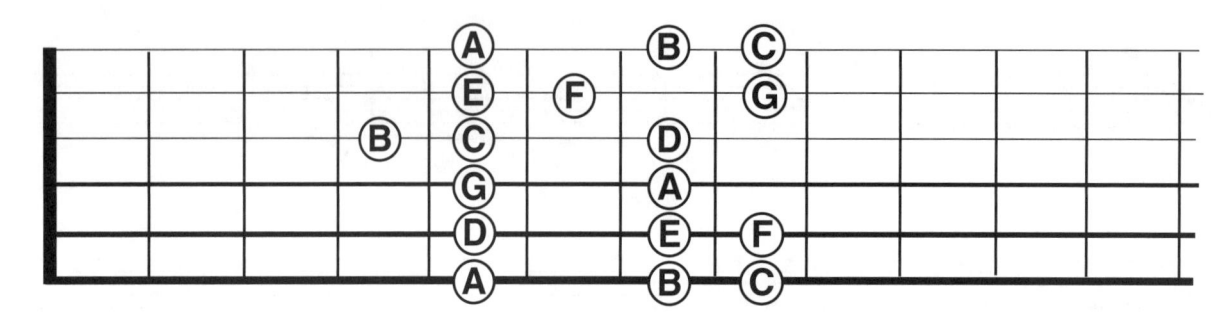

EXERCÍCIO 50

faixa 55

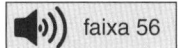

EXERCÍCIO 51

EXERCÍCIO 52
Atenção para a novidade: mudanças de compasso.

EXERCÍCIO 53
Atenção para a novidade: compasso 6/8 (binário composto).

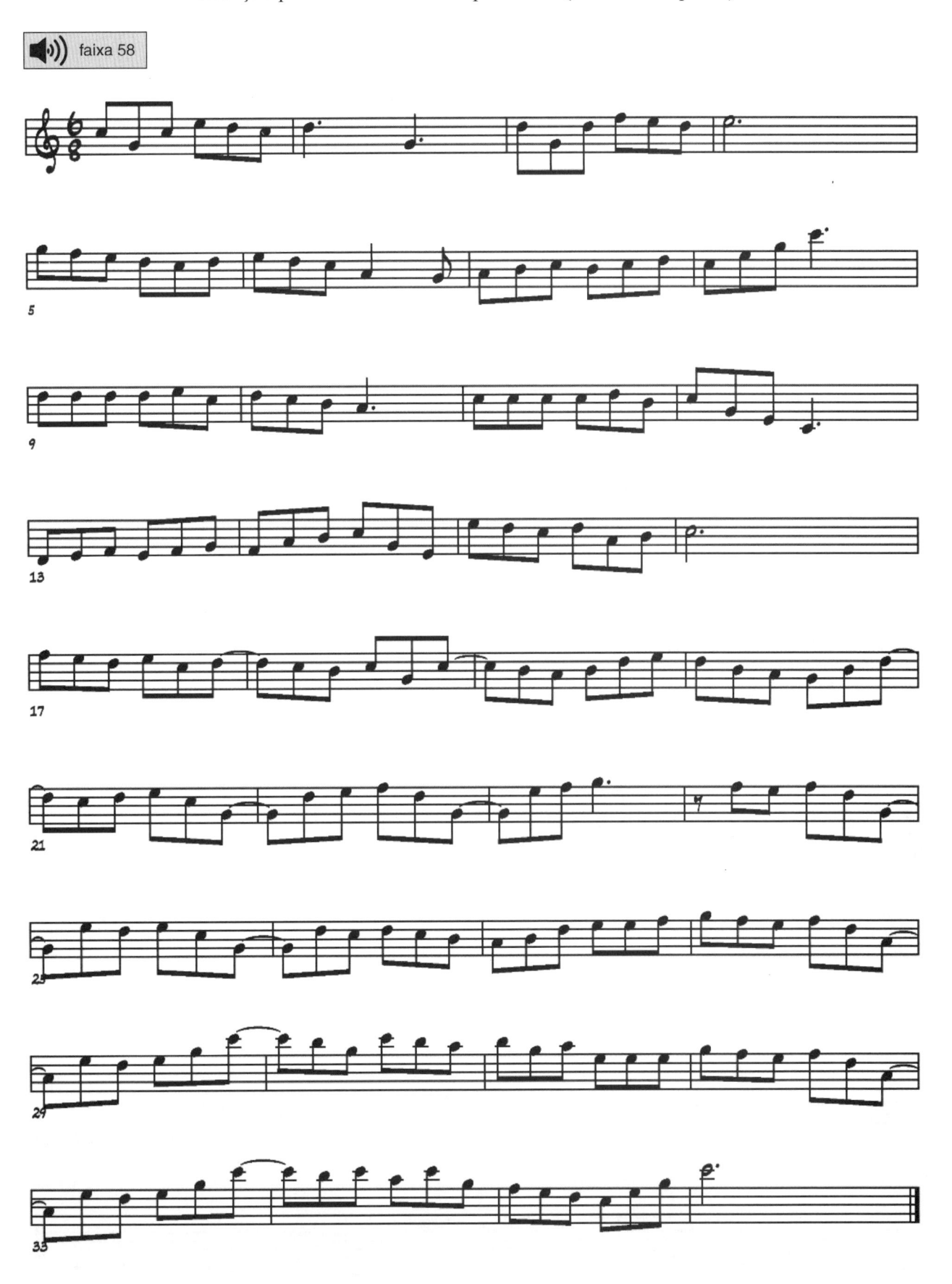

Os exercícios 54, 55 e 56 são duetos e devem ser praticados com o áudio ou em parceria com um colega, ou professor.

EXERCÍCIO 54 - DUETO #1

🔊 faixa 59 — Áudio completo (escolha uma das vozes para tocar junto).
🔊 faixa 60 — Áudio da 2ª voz (ouça a 2ª voz e toque a 1ª voz).
🔊 faixa 61 — Áudio da 1ª voz (ouça a 1ª voz e toque a 2ª voz).

EXERCÍCIO 55 - DUETO #2

🔊 faixa 62 Áudio completo (escolha uma das vozes para tocar junto).
🔊 faixa 63 Áudio da 2ª voz (ouça a 2ª voz e toque a 1ª voz).
🔊 faixa 64 Áudio da 1ª voz (ouça a 1ª voz e toque a 2ª voz).

EXERCÍCIO 56 - DUETO #3

🔊 faixa 65   Áudio completo (escolha uma das vozes para tocar junto).
🔊 faixa 66   Áudio da 2ª voz (ouça a 2ª voz e toque a 1ª voz).
🔊 faixa 67   Áudio da 1ª voz (ouça a 1ª voz e toque a 2ª voz).

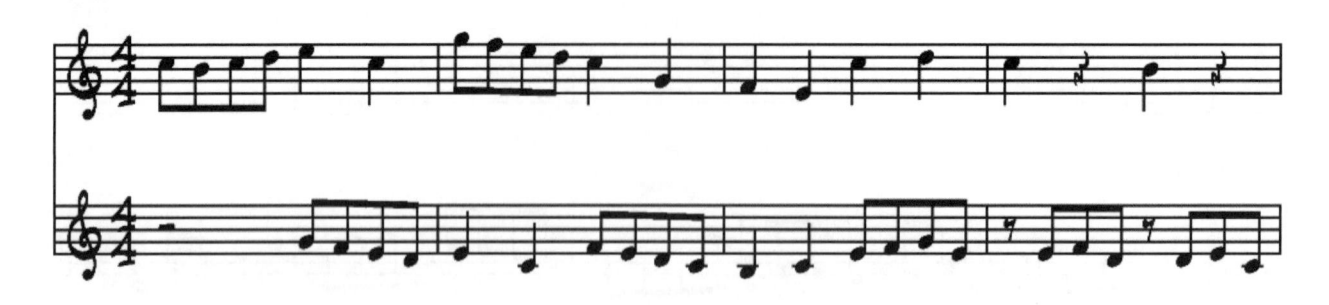

continuação...

EXERCÍCIO 57 - DUETO #4

🔊 faixa 68 — Áudio completo (escolha uma das vozes para tocar junto).
🔊 faixa 69 — Áudio da 2ª voz (ouça a 2ª voz e toque a 1ª voz).
🔊 faixa 70 — Áudio da 1ª voz (ouça a 1ª voz e toque a 2ª voz).

continuação...

PARTE II

LENDO NOTAS ALTERADAS NA QUARTA E NA QUINTA POSIÇÕES

Para os exercícios 58 a 63 utilizei, além das notas naturais, a nota alterada B♭.

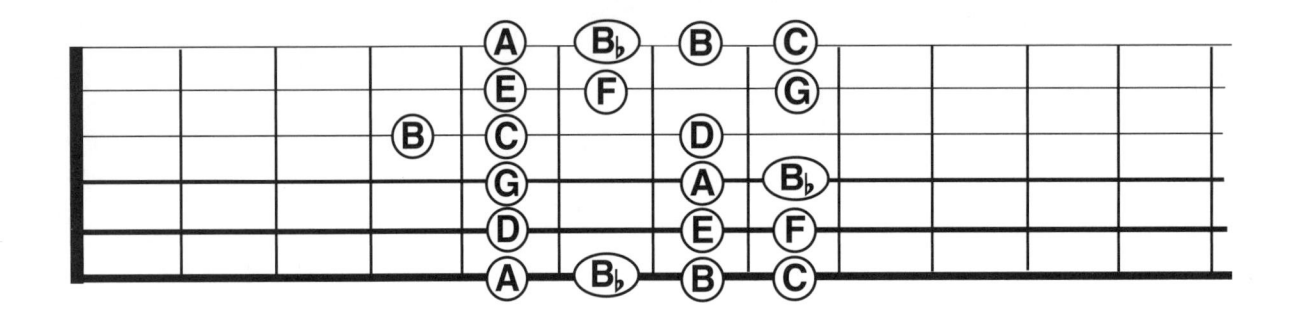

EXERCÍCIO 58

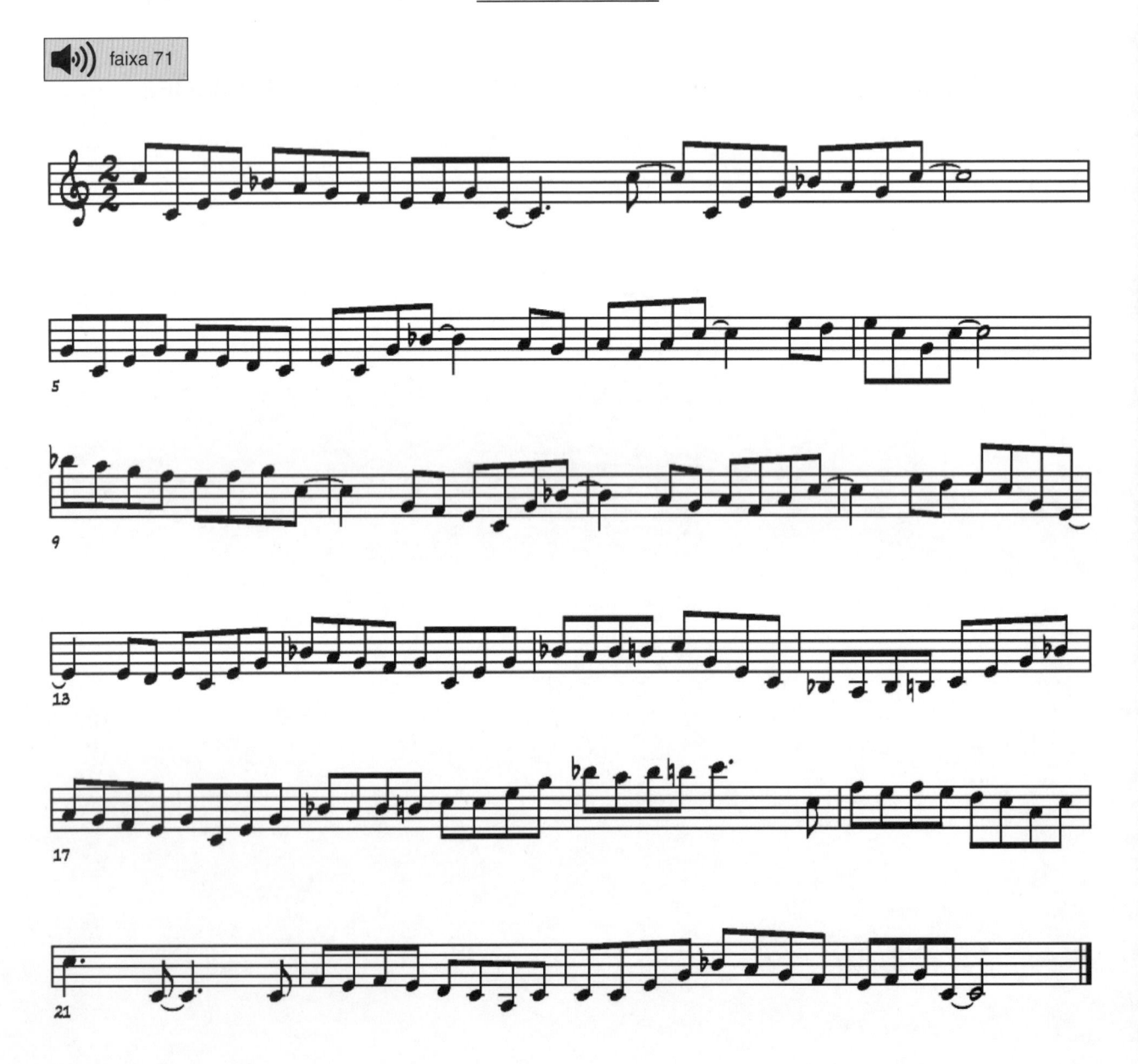

faixa 71

EXERCÍCIO 59

faixa 72

EXERCÍCIO 60
Atenção para a novidade: armadura de clave (tonalidade Fá Maior).

🔊 faixa 73

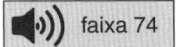

EXERCÍCIO 61

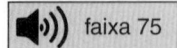

EXERCÍCIO 62

faixa 75

EXERCÍCIO 63

faixa 76

Para os próximos exercícios, acrescentei a nota alterada C#. Observe também o uso da nota D na 1ª corda, 10ª casa. O uso de cifras é para acompanhamento opcional em alguns exercícios.

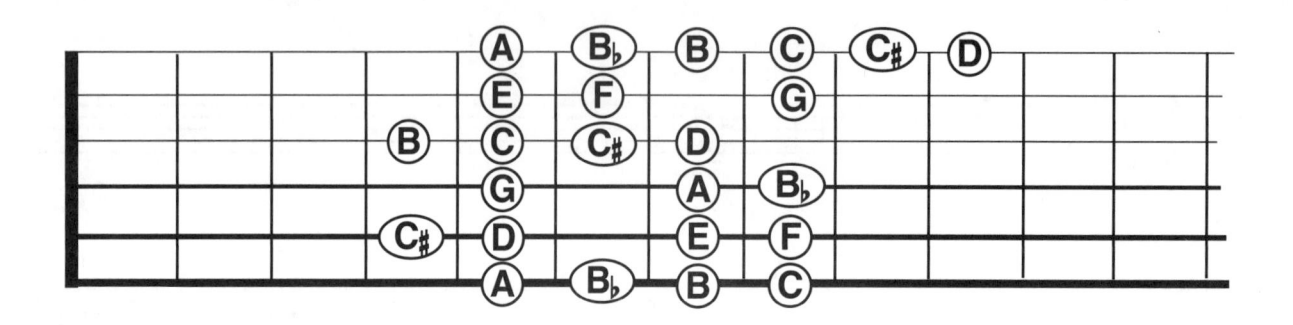

EXERCÍCIO 64 - VALSA EM D MENOR

🔊 faixa 77   Áudio completo.
🔊 faixa 78   Áudio do acompanhamento (ouça o acompanhamento e toque a melodia).

EXERCÍCIO 65 - CHORO EM D MENOR

🔊 faixa 79 Áudio completo.
🔊 faixa 80 Áudio do acompanhamento (ouça o acompanhamento e toque a melodia).

EXERCÍCIO 66 - DUETO #5

🔊 faixa 81 — Áudio completo (escolha uma das vozes para tocar junto).
🔊 faixa 82 — Áudio da 2ª voz (ouça a 2ª voz e toque a 1ª voz).
🔊 faixa 83 — Áudio da 1ª voz (ouça a 1ª voz e toque a 2ª voz).

continuação...

EXERCÍCIO 67 - DUETO #6

🔊 faixa 84 — Áudio completo (escolha uma das vozes para tocar junto).
🔊 faixa 85 — Áudio da 2ª voz (ouça a 2ª voz e toque a 1ª voz).
🔊 faixa 86 — Áudio da 1ª voz (ouça a 1ª voz e toque a 2ª voz).

continuação...

Para os próximos exercícios, acrescentei a nota alterada F#.

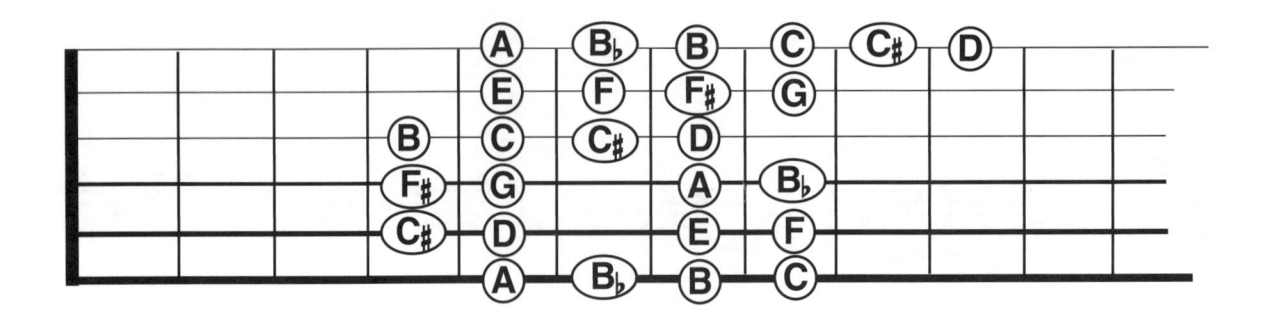

EXERCÍCIO 68
Atenção para a novidade: anacruse.

faixa 87

EXERCÍCIO 69

Atenção para a novidade: compasso 12/8 (quaternário composto).

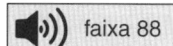

Motivos rítmicos 6: quiálteras.

Quiáltera é o nome que se dá à alteração da subdivisão de um tempo. Existem vários tipos de quiáltera. Tercina é o nome que damos à quiáltera em que três notas de mesma duração ocupam o lugar de duas. Quintina é quando cinco notas ocupam o lugar de quatro. Sextina é quando seis notas ocupam o lugar de quatro etc. Algumas não têm nome e todas são sempre representadas pelo número correspondente situado acima ou abaixo das notas. Por vezes, encontramos também em forma de fração 5:4, para quintina, e 6:4, para sextina etc.

Uma tercina de colcheias, por exemplo, é quando encontramos três colcheias ocupando o espaço de duas colcheias. Na tercina, cada colcheia equivale a um terço de tempo.

Exemplos de quiálteras:

No exemplo abaixo, você pode observar os sete tempos em um compasso 7/4 sendo ocupados progressivamente por 1, 2, 3, 4, 5, 6 e 7 notas. As alterações na subdivisão do tempo (quiálteras) acontecem na divisão do tempo em 3, 5, 6 e 7 frações de tempo iguais.

faixa 89

Outros tipos de quiálteras:

Nos exercícios 70 a 74, trabalharemos apenas a parte rítmica, tocando sempre a mesma nota.

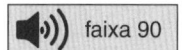

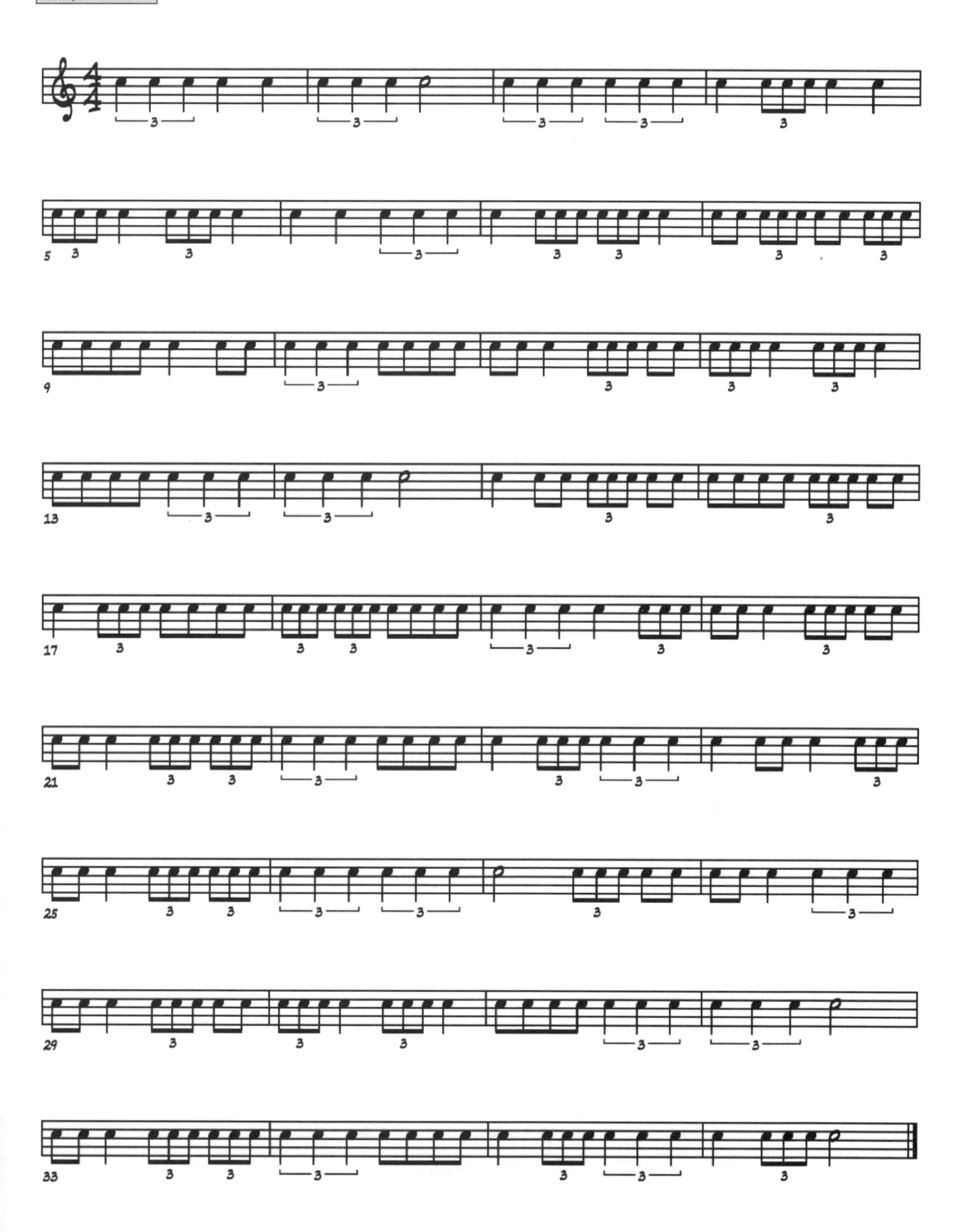

EXERCÍCIO 70

EXERCÍCIO 71
Atenção para as pausas dentro da quiáltera.

faixa 91

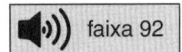

EXERCÍCIO 72

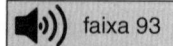

EXERCÍCIO 73

EXERCÍCIO 74
Atenção para a novidade: figuras rítmicas de quiálteras de 4.

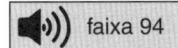

Para os próximos exercícios, acrescentei a nota alterada E♭.

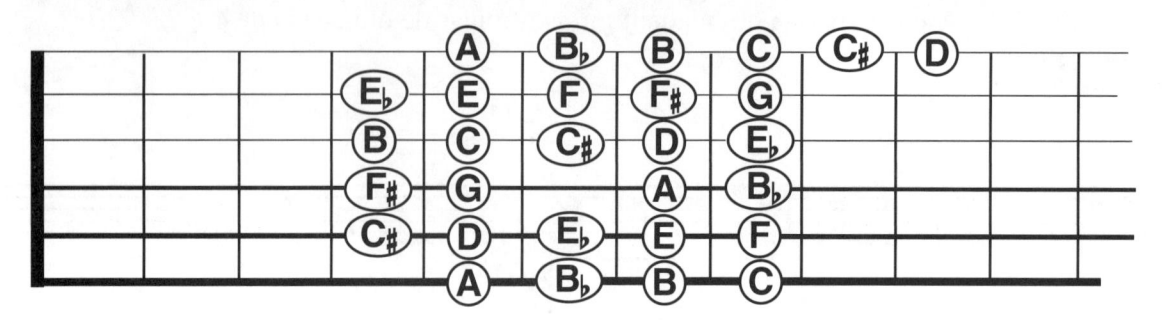

EXERCÍCIO 75

faixa 95

EXERCÍCIO 76

faixa 96

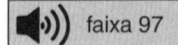

EXERCÍCIO 77

EXERCÍCIO 78

Para os próximos exercícios, acrescentei a nota alterada G#.

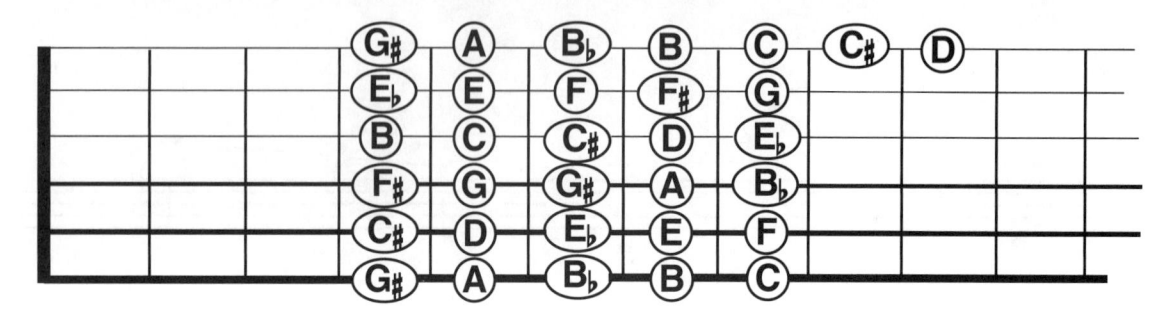

EXERCÍCIO 79
Atenção para a novidade: compasso 9/8 (ternário composto).

faixa 99

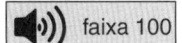

EXERCÍCIO 80

EXERCÍCIO 81

faixa 101

EXERCÍCIO 82
Atenção para a novidade: ponto de diminuição.

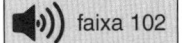

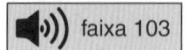

EXERCÍCIO 83

EXERCÍCIO 84

Para os próximos exercícios, acrescentei as notas enarmônicas G#/A♭, C#/D♭, B♭/A#, F#/G♭, E♭/D# e F#/G♭, além de novas figuras rítmicas em quiálteras.

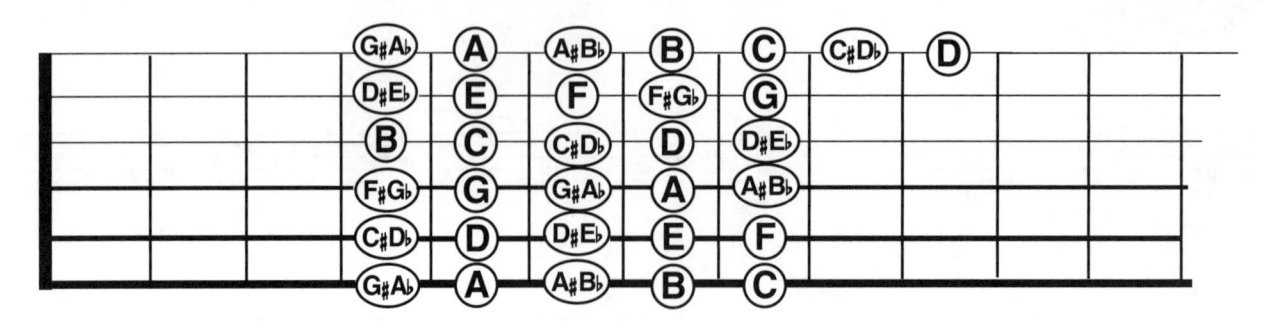

EXERCÍCIO 85

faixa 105

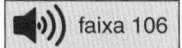

EXERCÍCIO 86

EXERCÍCIO 87
Atenção para as novidades: "Ritornelos", casas de 1ª e 2ª vez

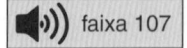

EXERCÍCIO 88

faixa 108

Motivos rítmicos 7: subdividindo ou ligando o tempo dentro da quiáltera.

Importante estarmos familiarizados com o maior número possível de motivos rítmicos para que nossa leitura se faça de forma fluente. Impossível apresentar todas as possibilidades de motivos em um livro, pois essas combinações são, de fato, inesgotáveis. Minha intenção é apenas fornecer uma boa quantidade de motivos rítmicos que possam fazer parte de seu vocabulário e que você possa aplicá-los aos exercícios rítmicos e melódicos.

Exemplifico adiante alguns motivos em que acontece subdivisão ou elisão em um, ou em mais tempos dentro da quiáltera.

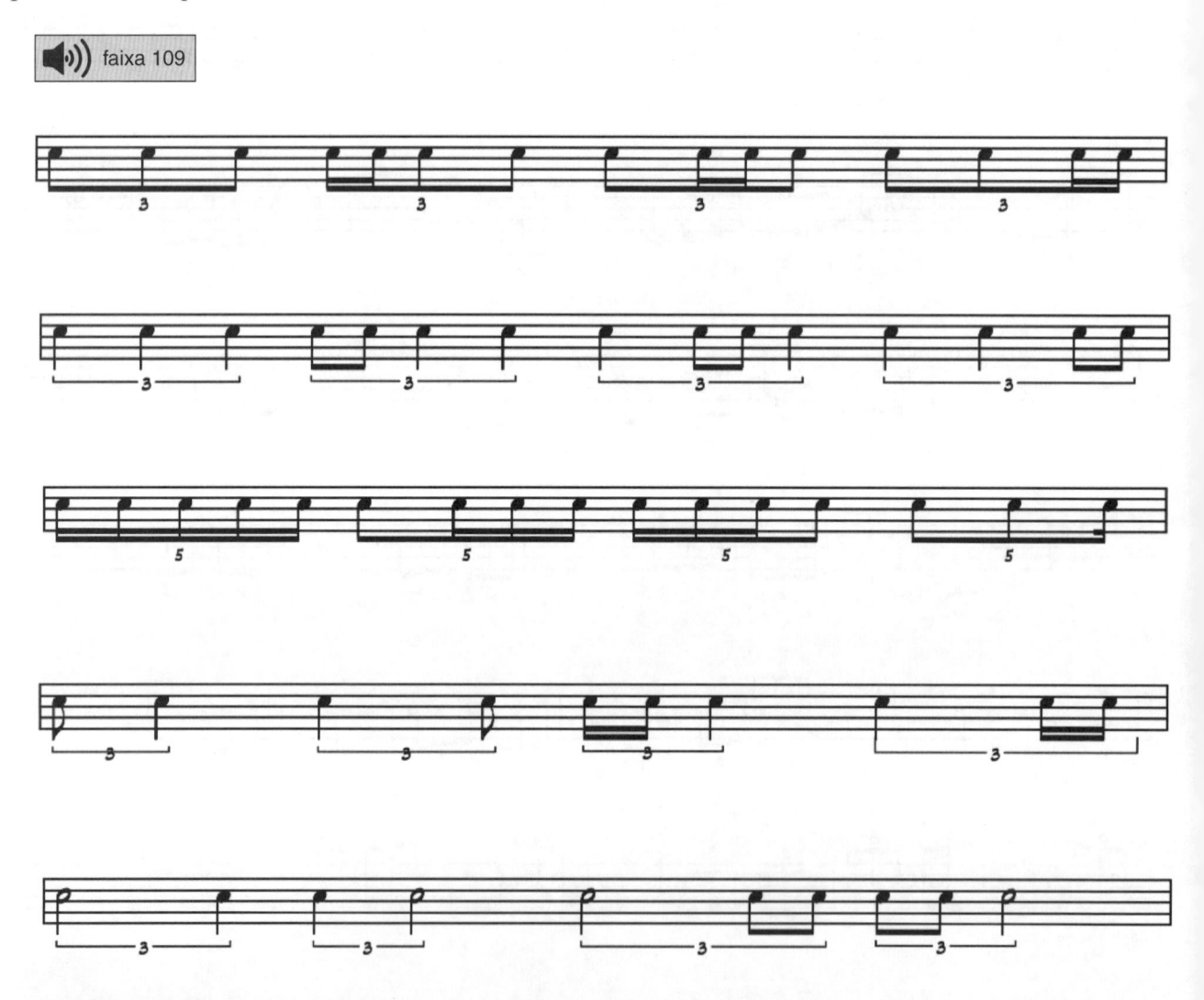

🔊 faixa 109

Pratique sempre com auxílio de um metrônomo ou tocando junto com a gravação para ter certeza de que está interpretando as subdivisões de forma correta. Os exercícios visam treinar sua capacidade em responder de forma imediata ao motivo escrito, fazendo com que ao encontrá-lo, você possa ler por inteiro, assim como lê uma palavra escrita em sua língua materna.

Os exercícios 89 e 90 são focados apenas na parte rítmica para que você possa se concentrar na prática dos motivos. Lembre-se que todos os exercícios deste livro também podem ser usados como exercícios rítmicos se você optar por ler apenas a divisão rítmica em uma única nota, ignorando a parte melódica.

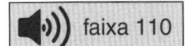

EXERCÍCIO 89

EXERCÍCIO 90

A primeira parte deste exercício trabalha a divisão do tempo em 1, 2, 3, 4, 5, 6, 7 e 8 partes iguais. Esse exercício pode ser praticado a qualquer momento, com ou sem o instrumento, e ajuda muito a aprimorar a precisão rítmica.

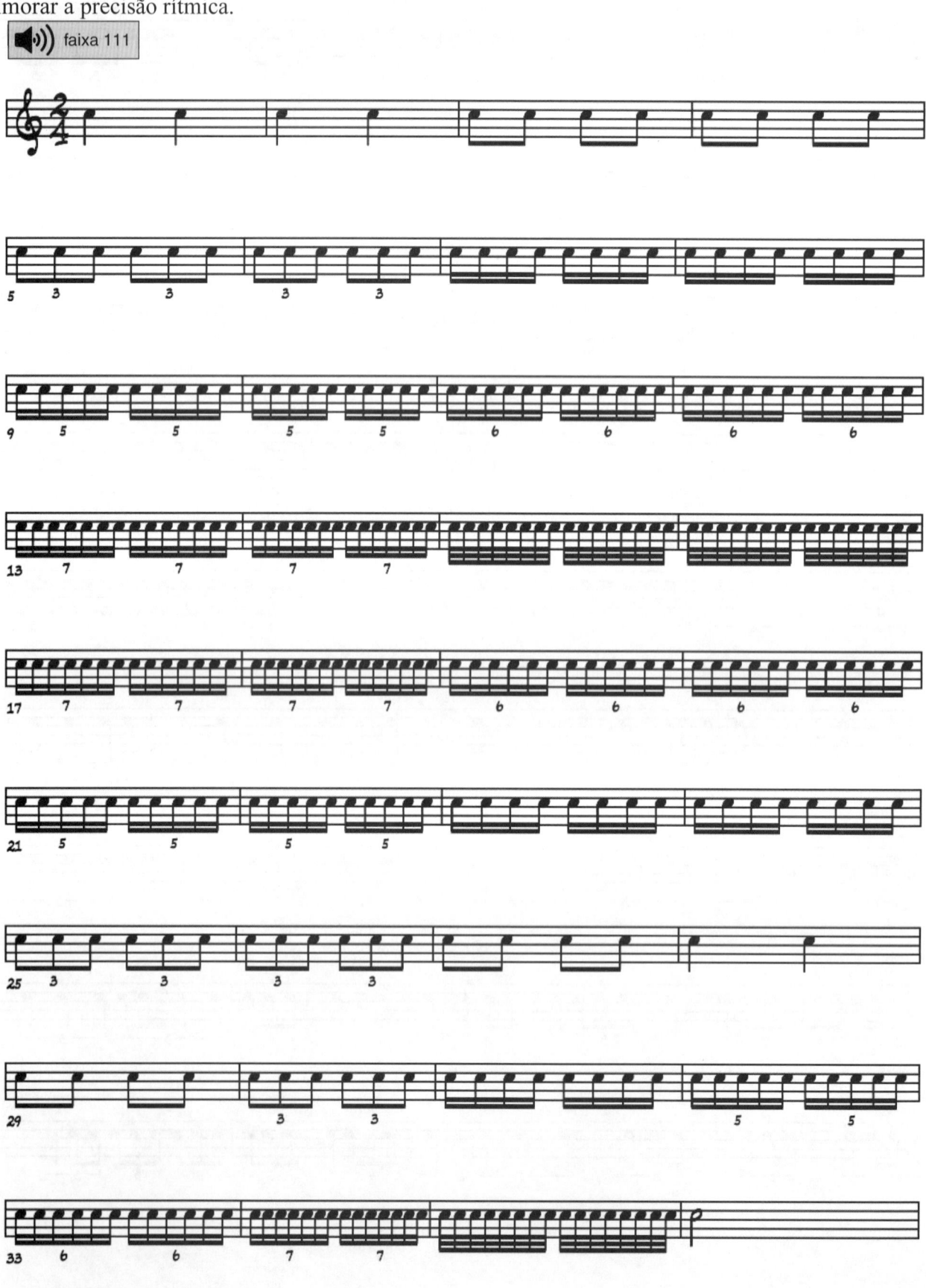

faixa 111

Exercícios de Leitura para Guitarristas e Violonistas

continuação...

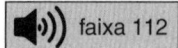

EXERCÍCIO 91

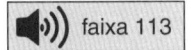

EXERCÍCIO 92

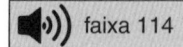

EXERCÍCIO 93

PARTE III

ACRESCENTANDO NOTAS NA PRIMEIRA E OITAVA POSIÇÕES

Para os próximos exercícios, acrescentei as notas alteradas F#/G♭, G#/A♭ e D#/E♭, além de utilizar outras posições no braço do instrumento. Observe que uso a primeira posição apenas para notas mais graves (incluindo a nota E na corda solta) e as posições da 8ª casa para cima apenas para as notas mais agudas, porém, a leitura na 12ª posição também é recomendada para melodias mais agudas.

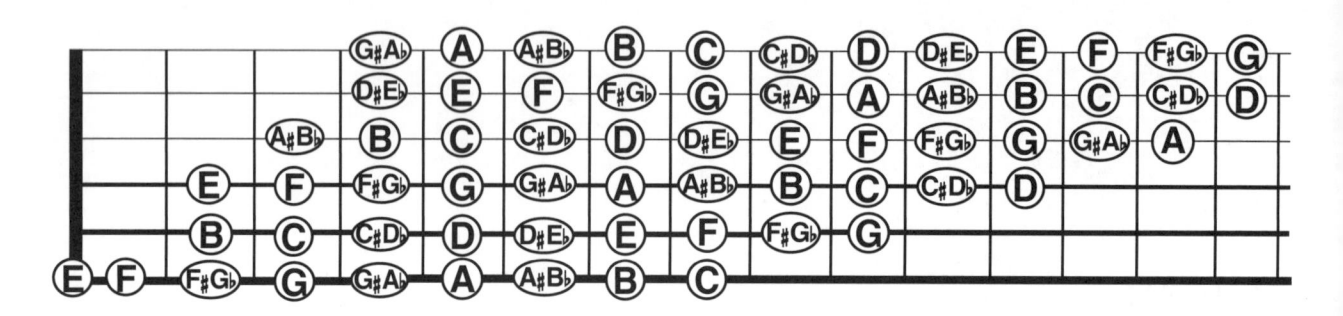

EXERCÍCIO 94 - VALSA EM G MAIOR

🔊 faixa 115 — Áudio completo.
🔊 faixa 116 — Áudio do acompanhamento (ouça o acompanhamento e toque a melodia).

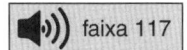

EXERCÍCIO 95

EXERCÍCIO 96

continuação...

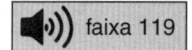

EXERCÍCIO 97

faixa 119

EXERCÍCIO 98 - DUETO #7
(Atenção para a necessidade de virada de página.)

- 🔊 faixa 120 — Áudio completo (escolha uma das vozes para tocar junto).
- 🔊 faixa 121 — Áudio da 2ª voz (ouça a 2ª voz e toque a 1ª voz).
- 🔊 faixa 122 — Áudio da 1ª voz (ouça a 1ª voz e toque a 2ª voz).

continuação...

continuação...

EXERCÍCIO 99 - DUETO #8

🔊 faixa 123 Áudio completo (escolha uma das vozes para tocar junto).
🔊 faixa 124 Áudio da 2ª voz (ouça a 2ª voz e toque a 1ª voz).
🔊 faixa 125 Áudio da 1ª voz (ouça a 1ª voz e toque a 2ª voz).

continuação...

PARTE IV   SONGBOOK NELSON FARIA

ANTES TARDE
BAIÃO POR ACASO
BROOKLYN HIGH (PARTINDO PRO ALTO)
BUXIXO
CAINDO NO CHÔRO
CHICO BORORÓ NO SAMBA
CHORO DE OUTONO
FIM DE FESTA
IOIÔ
JULIANA
LET'S BE HAPPY TOGETHER
MEXIDINHO
MONTANHA RUSSA
MR. ALBAM
PLAYGROUND
RIO (SAUDADES DO RIO)
RUA BOUGAINVILLE
RUAS DO RIO
SACOPÃ
SÓ TE ESPERANDO
INFLUENCIADO

ANTES TARDE

Nelson Faria

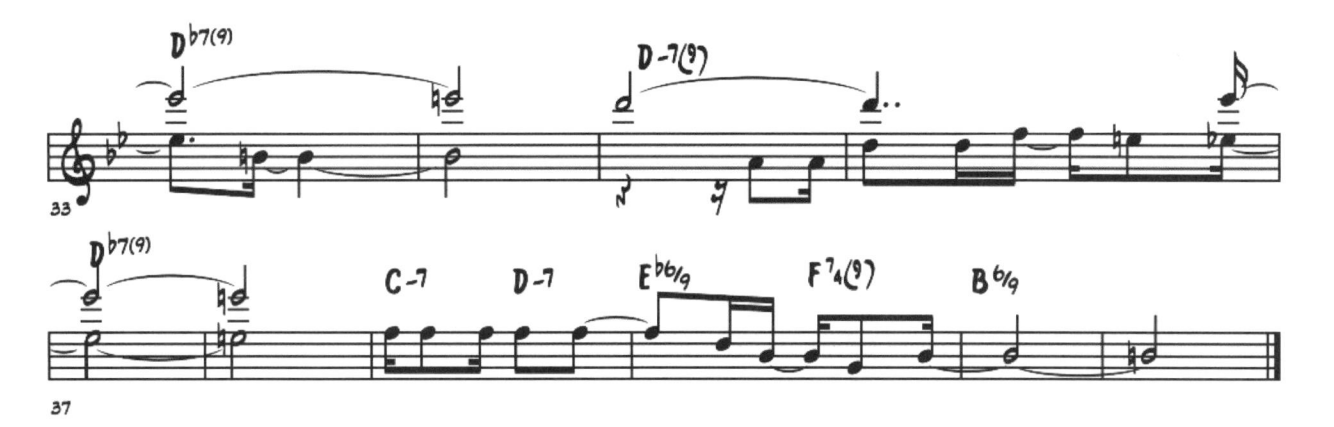

continuação...

BAIÃO POR ACASO

Nelson Faria/Rodolfo Cardoso/Hamleto Stamato

continuação...

BROOKLYN HIGH (Partindo pro alto)

Nelson Faria

BUXIXO

Nelson Faria

CAINDO NO CHORO

Nelson Faria
Gilson Peranzzetta

continuação...

CHICO BORORÓ NO SAMBA

Nelson Faria
Gustavo Tavares

continuação...

continuação...

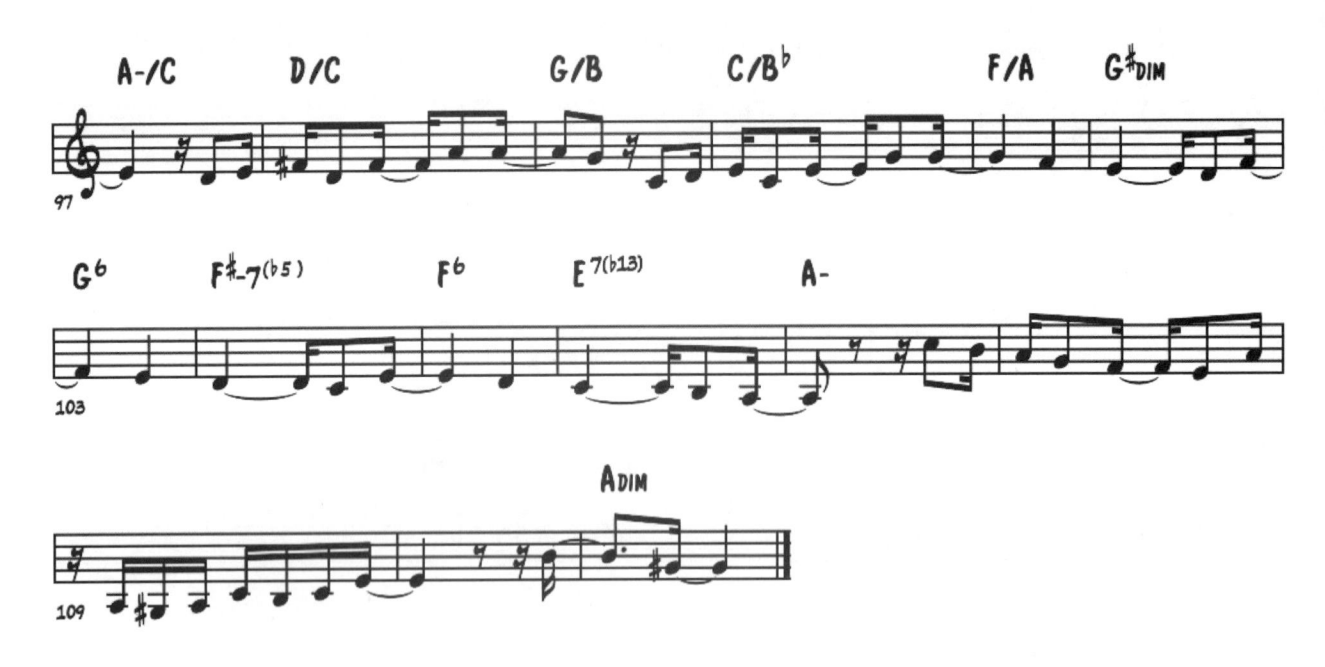

CHORO DE OUTONO

Nelson Faria
Gustavo Tavares

continuação...

continuação...

FIM DE FESTA

Nelson Faria
Cliff Korman

continuação...

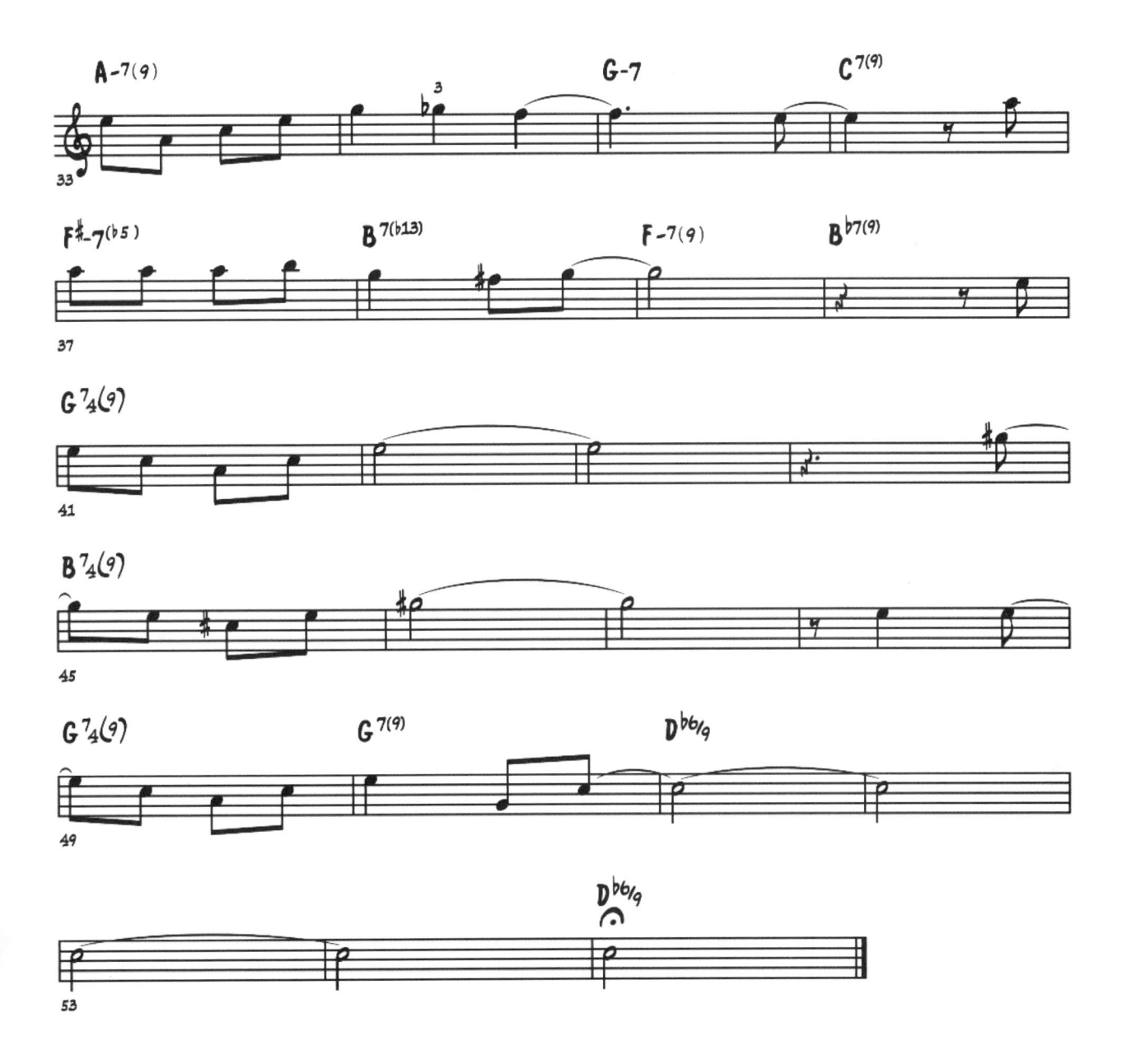

IOIÔ

Nelson Faria

continuação...

JULIANA

Nelson Faria

continuação...

LET'S BE HAPPY TOGETHER

Nelson Faria
Maria Inez Boabaid

MEXIDINHO
(Arranjo para duo de violões ou guitarras.)

Nelson Faria

continuação...

continuação...

MONTANHA RUSSA

Nelson Faria
Cliff Korman

continuação...

MR. ALBAM

Nelson Faria

B♭MAJ7 F(9)/A G-7(9) F-7(9) E-7(b5) A7ALT
30
D-7(b5) G7(b13) C-7(b5) 1 F7(b13) 2 D7(9)
34
G(9) E-7(9) B♭-6 D-7(9) D♭7(#9)
39
F#6 E♭-7 D-6 F#-7(9) F#-/E
43
DMAJ7 C#7(b9) F#-/A A♭7 E-/G F#7(#11)
47

PLAYGROUND

Nelson Faria

CMAJ7
B♭MAJ7
A-7(9)
29
D7(9)
D
C/D
33
D
C/D
D
C/D
37
D
C/D
D
C/D
41
D
C/D
D
C/D
45
D
C/D
D
49

RIO (saudades do Rio)

Nelson Faria

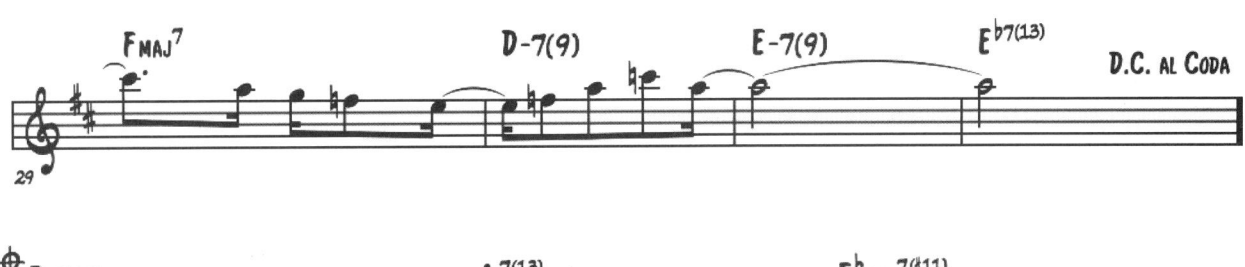

RUA BOUGAINVILLE

Nelson Faria
Gilson Peranzzetta

RUAS DO RIO

Nelson Faria

SACOPÃ

Nelson Faria
Nico Assumpção

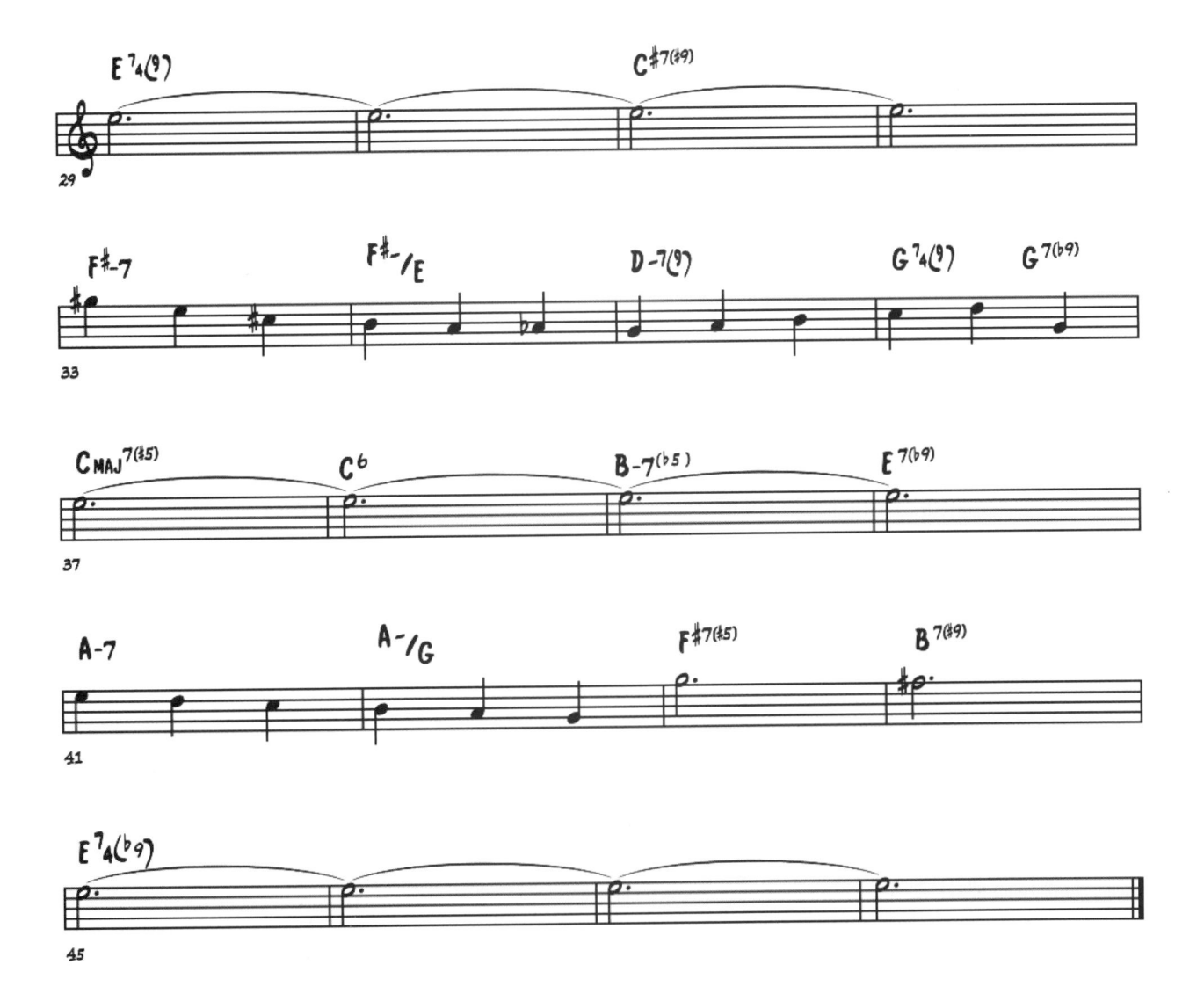

Exercícios de Leitura para Guitarristas e Violonistas

SÓ TE ESPERANDO

Nelson Faria

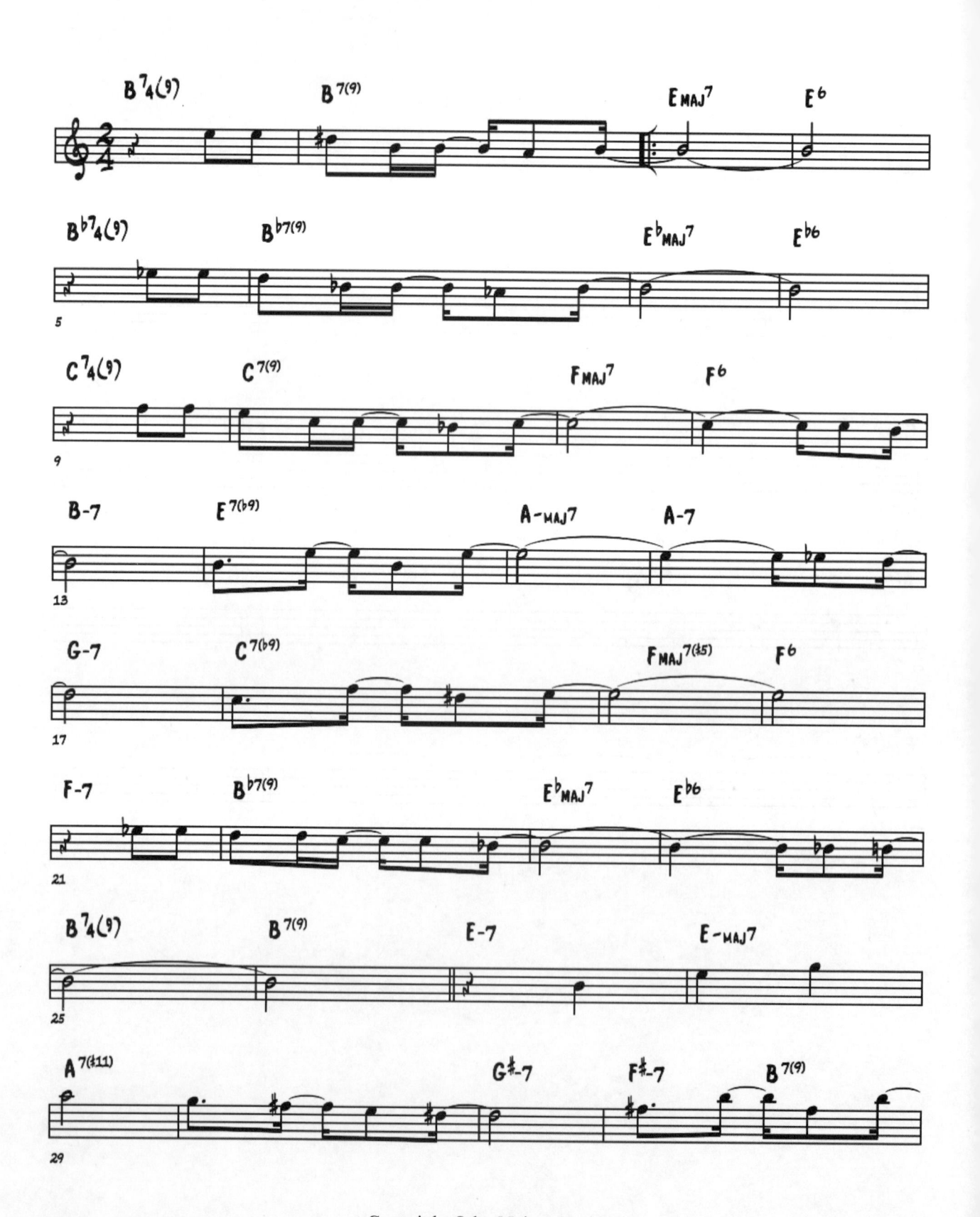

EMAJ7
F-7
B♭7(9)
33
E♭MAJ7
B7 4(9)
B7(9)
37
B♭7 4(9)
B♭7(9)
E♭MAJ7
41
B7 4(9)
B7(9)
B7 4(9)
B7(9)
D.C. AL CODA
45
B7 4(9)
B7(♭9 13)
49
FADE OUT...

INFLUENCIADO

Nelson Faria
Zélia Duncan